ATRIUM

Die Schwarze deutsche Community weist seit Jahrzehnten darauf hin, dass Rassismus alle Strukturen unserer Gesellschaft durchdringt. In der öffentlichen Debatte wird allerdings noch immer auf einer individuellen Ebene nach einer Patentlösung gesucht. Doch erst wenn wir die strukturelle Dimension des Rassismus verstehen, können wir erfolgsversprechende Maßnahmen dagegen entwickeln, denn strukturelle Probleme brauchen strukturelle Lösungen. Die promovierte Kommunikationssoziologin und akademische Aktivistin Natasha A. Kelly schafft mit ihrem Buch eine längst überfällige Grundlage für den informierten Dialog über Rassismus. Anhand von konkreten Beispielen aus der aktuellen Debatte zeigt sie, wo die Strukturen des Rassismus verlaufen – und setzt selbst elementare Impulse für die Diskussion.

Natasha A. Kelly

RASSISMUS

Strukturelle Probleme brauchen strukturelle Lösungen!

Atrium Verlag · Zürich

Originalausgabe
2. Auflage 2021

Umschlaggestaltung: Annemike Werth, Hamburg
© Autorinnenfoto: Emmanuel Nimo
Satz: Pinkuin Satz und Datentechnik, Berlin
Druck und Bindung: GGP Media GmbH, Pößneck
Printed in Germany
ISBN 978-3-85535-114-5

www.atrium-verlag.com
www.facebook.com/atriumverlag
www.instagram.com/atriumverlag

Inhalt

Einleitung 7

Kapitel 1 Rassismus und Geschichte 15
Kapitel 2 Die rassische Wende: Von biologischer »Rasse« zu sozialer Race 32
Kapitel 3 Rassismus und Wissen 48
1. Wissenschaft und Forschung 50
2. Bildung 62
Kapitel 4 Und täglich grüßt das N-Wort: Rassismus und Sprache 76
Kapitel 5 Rassismus und Polizei 89
Rassismus ist ein strukturelles Problem! 103

Quellen und Anmerkungen 107
Literatur 118
Danksagung 125

Einleitung

Als die Öffentlichkeit im Mai 2020 Zeugin der Ermordung des Schwarzen US-Amerikaners George Floyd durch einen *weißen* Polizisten wurde, ist eine bittere Wahrheit ins Zentrum der Aufmerksamkeit gerückt, die Schwarzen Menschen nur allzu bewusst ist: Rassismus tötet![1] Nach dem Tod von George Floyd wurde in Deutschland allerdings unverblümt mit dem Finger auf die Polizei in den USA gezeigt. Die rassistischen Morde der eigenen Polizei waren vergessen: Kola Bankole (1994), Aamir Ageeb (1999), N'deye Mareame Sarr (2000), Michael Paul Nwabuisi (2001), Oury Jalloh (2005), Laye-Alama Condé (2005), Dominique Koumadio (2006) oder Christy Schwundeck (2011). Die Liste der Schwarzen Menschen, die in den letzten dreißig Jahren durch die deutsche Polizei zu Tode kamen, ist lang. Schon 2016 hatte sich hierzulande eine Black-Lives-Matter-Bewegung (BLM) gegen institutionellen Rassismus bei der Polizei und rassistische Polizeigewalt gegründet. Demonstrationen der Größenordnung des Sommers 2020 hatte sie allerdings noch nicht hervorgebracht. Insgesamt hat es in der Geschichte Deutschlands nur selten ein großes öffentliches Interesse für die Lebensrealitäten

Schwarzer Menschen gegeben. Und wenn Interesse bestand, war das nicht immer positiv, wie beispielsweise bei der rassistischen Propagandakampagne gegen den Einsatz Schwarzer Kolonialtruppen nach dem Ersten Weltkrieg. Im Sommer 2020 war aber alles anders. Gestärkt durch die Corona-Pandemie versammelten sich Bürger:innen aus allen gesellschaftlichen Schichten in verschiedenen deutschen Städten, um gegen Rassismus zu demonstrieren. Und obwohl der Anlass ein sehr trauriger war, war das Gefühl der Solidarität überwältigend.

Doch allzu bald wurde dieses Gefühl von der mangelhaften Berichterstattung und von zahlreichen politischen Fehlentscheidungen und -tritten überschattet. Selten waren so viele Schwarze Menschen in Talkshows zu sehen, die der Reihe nach von ihren individuellen Rassismuserfahrungen berichteten. Durch das (Mit-)Teilen solcher Schmerzerfahrungen sollten die *weißen* Zuschauer:innen mithilfe von Empathie an das Thema herangeführt werden. Was hinzu kam und für viele Zuschauer:innen neu gewesen sein mag, war die Tatsache, dass sie als *weiße* Mehrheitsgruppe angesprochen wurden und nicht als neutrale Individuen. Erstmals konnten sie sich selbst in der Position des handelnden *weißen* Subjekts beobachten, das aus einer *weißen* Normposition heraus Rassismus ausübt. Wie wir nämlich aus der Critical-Whiteness-Forschung wissen, ist »*weiß*« keine objektive Kennzeichnung eines äußeren Erscheinungsbildes, sondern eine durch Rassismus geschaffene privilegierte Positionierung.[2] In einer rassistischen Gesellschaft sind *weiße* Personen nie aufgrund dessen, dass sie als *weiß* wahrgenommen werden, systematisch und strukturell diskriminiert worden – egal, ob sie in der Mehrheit oder in der Minderheit waren bzw. sind. Und das können sie als von Rassismus privilegierte Personen auch nicht.

Die Reaktion der Mainstream-Medien auf die Black-Lives-Matter-Demonstrationen war sehr einseitig. Sie versäumten es, über die *weiße* Position hinauszugehen und das Leben Schwarzer Menschen getreu dem Motto »Black Lives Matter« tatsächlich in den Mittelpunkt zu rücken. Stattdessen kam ihre Haltung – bewusst oder unbewusst – dem Ruf nach »All Lives Matter« gleich.[3] Ihr Unwissen um strukturellen Rassismus wurde unmissverständlich zum Ausdruck gebracht. Deutlich wurde, wer sprechen kann und wer nicht, wer gehört wird und wer nicht, und vor allem, über welche Themen gesprochen werden darf und über welche nicht. Schwarze Subjektpositionen, die längst die ihnen zugeschriebene Opferrolle überwunden haben, oder Schwarze Expert:innen, die seit Jahrzehnten in Wissenschaft und Praxis zum Thema arbeiten, wurden weitestgehend übergangen und Schwarze deutsche Geschichte selten in den Fokus gerückt. Dadurch wurde die gesellschaftliche Position von Schwarzen Menschen in Deutschland schlichtweg unsichtbar gemacht.

Sowohl Medien als auch Politik legten durch ihren mangelhaften Umgang mit den historischen Fakten und aktuellen Ereignissen ein tieferliegendes Problem der deutschen Gesellschaft offen: ein falsches, verkürztes Verständnis von Rassismus, das seine strukturelle Dimension ignoriert. Dabei ist Rassismus eine spezifische Form der Diskriminierung, die sich aus institutionellem Rassismus, internalisiertem Rassismus, interpersonalem Rassismus und Alltagsrassismus speist. Auf diesen Ebenen werden Machtverhältnisse geschaffen, die die gesellschaftlichen Strukturen und sogar globale Hierarchien zwischen Ländern und zwischen Kontinenten herstellen. Der Begriff »struktureller Rassismus« bezeichnet dementsprechend rassistische Machtmechanismen, die in Individuen, Gesellschaften oder Institutionen verankert sind und diese negativ beeinflussen. Auch wenn struktureller Rassismus und institutioneller Rassismus häufig synonym verwendet werden, darf der strukturelle Rassismus weder auf seine institutionelle noch auf seine individuelle Ebene reduziert werden.

Wichtig ist auch zu betonen, dass es nicht nur Rassismus gegen Schwarze Menschen gibt, was häufig als Anti-Schwarzer Rassismus bezeichnet wird, sondern auch andere Formen des Rassismus, wie antimuslimischen oder antiasiatischen Rassismus sowie Rassismus gegen Rom:nja und Sinti:zze. Auch der Antisemitismus wird häufig als Sonderform des Rassismus betrachtet. Rassismus gegen *weiße* Menschen gibt es jedoch nicht und hat es auch noch nie gegeben – dazu müssten wir in der Geschichte zurückreisen und die Machtverhältnisse umkehren, *weiße* Menschen unterdrücken, sie ihrer Subjektivität berauben und an ihrer persönlichen und kollektiven Entwicklung hindern.[4] Streng genommen müssten wir also von *Rassismen* in der Mehrzahl reden. Sie unterscheiden sich nicht nur durch die betroffenen Gruppen, sondern auch in ihrem geschichtlichen

Verlauf und in ihrer sozialen und politischen Verstetigung, d.h. in der Art und Weise, wie sich der jeweilige Rassismus über die Zeit ausgeformt und in die Gesellschaftsstrukturen eingeschrieben hat. Zudem können sich Rassismen mit weiteren Diskriminierungsformen überschneiden, wie etwa Diskriminierungen aufgrund des Geschlechts, der sexuellen Orientierung, des Alters, aufgrund von Behinderungen etc. Die Verschränkung zweier oder mehrerer dieser Diskriminierungsformen ist als Intersektionalität[5] bekannt. So sind Schwarze Frauen*[6] etwa sowohl von Rassismus als auch von Sexismus betroffen, die zusammenwirken und eine spezifische Form der Mehrfachdiskriminierung hervorbringen.[7]

Aus ebendieser Perspektive bzw. an dieser Intersektion (dt. Kreuzung) stehend – um es mit den Worten von Kimberlé Crenshaw zu sagen – schreibe ich dieses Buch. Als Schwarze heterosexuelle cis[8] Frau, die ihren Lebensmittelpunkt in Deutschland verortet, Schul- und Wissenschaftssysteme mit allen strukturellen Herausforderungen durchlaufen hat und nicht nur am eigenen Leib Rassismus und Sexismus erlebt und überlebt hat, sondern auch dazu geforscht und gelehrt hat, ist es mir ein großes Anliegen, mir Gehör zu verschaffen, solange noch zugehört wird. Denn viele Dinge, die folgen, wurden schon mehrfach von Schwarzen Frauen* gesagt. Genau genommen, wird seit Beginn der zweiten Welle der Schwarzen Bewegung in Deutschland, die im Zuge der aufstrebenden Frauen*bewegung Mitte der 1980er Jahre entfacht worden ist, vom strukturellen Rassismus gesprochen.

Verstanden wurde das in der Breite der Gesellschaft bislang jedoch nicht, denn noch immer wird Rassismus in Deutschland beinahe ausschließlich in den individuellen Erfahrungen der einzelnen Betroffenen gesucht und nicht in den Strukturen der Gesellschaft. Rassismus gegen Schwarze Menschen können wir aber nur verstehen, wenn wir das Thema nicht auf individuelle Vorurteile, Einzelfälle und Intentionen reduzieren, sondern aus der Betroffenheitsecke herausholen. Auch wenn es verlockend ist, das Thema zu vereinfachen, darf Rassismus nicht als eindimensionales Konstrukt betrachtet werden. Wir befinden uns nämlich in einer komplexen Machtmatrix und nicht in einem linearen Machtgebilde.

Nun, ich möchte nicht die Intelligenz der Deutschen beleidigen. Wir haben schon an anderer Stelle deutscher Geschichte komplexe Debatten führen müssen, warum sollte es uns nicht wieder gelingen? Dieses Buch soll dabei helfen, die Verwirrung aufzulösen, die sowohl bei Schwarzen als auch bei *weißen* Menschen bei diesem Thema herrscht. Es wird gezeigt, welche verschiedenen Auseinandersetzungen es gibt, inwieweit sie ineinanderlaufen, wo die Missverständnisse liegen und wie wir strukturell dagegen angehen können. Denn Rassismus ist ein strukturelles Problem, und strukturelle Probleme brauchen strukturelle Lösungen!

Ohne die Schmerzerfahrungen anderer Gruppen negieren oder eine künstliche Trennung zwischen Rassismus und Sexismus machen zu wollen, geht es in diesem Buch primär um den sogenannten Anti-Schwarzen Rassismus. Anhand von unterschiedlichen Praxisbeispielen wird dargestellt, wo die Strukturen des Rassismus verlaufen und wie er sich in die deutsche Gesellschaft eingeschrieben hat. Als Kommunikationssoziologin schaue ich primär aus sozialwissenschaftlicher Perspektive auf das Thema und nehme dabei die Strukturen und Wirkweisen des Rassismus in den Blick, um seine sozialen, historischen, politischen und kulturellen Zusammenhänge und Wechselwirkungen aufzuzeigen.[9]

Zuerst wird die Geschichte des Rassismus in Deutschland skizziert sowie die Frage beantwortet, wo der Rassismus historisch verwurzelt ist und wie gegenwärtig daran erinnert wird bzw. werden muss. Es wird deutlich, dass sich Rassismus in deutscher Erinnerungskultur eingeschrieben hat und auf diese Weise in öffentlichen und kulturellen Räumen strukturell wirkt. Die Geschichte des Rassismus macht sich unter anderem auch an Begriffen fest, weshalb im Folgekapitel aufgezeigt wird, warum es zu diesem Zeitpunkt wichtig ist, entgegen der aktuellen politischen Forderung der Grünen, »Rasse« im Grundgesetz stehen zu lassen. Ein historischer Blick auf den Rassebegriff und auf das dahinterstehende Rassedenken ist unabdingbar, um erfassen zu können und verstehen zu lernen, wie sich Rassismus in die Gesellschaftsstrukturen einschreiben konnte.

In den beiden ersten Kapiteln wird bereits deutlich, dass Wissen, Wissenschaft und Wissensvermittlung bei der Dekonstruktion von Rassismus eine große Rolle spielen. Das dritte Kapitel widmet sich daher dem institutionellen Rassismus an deutschen Hochschulen und Schulen. Rassismus schreibt sich aber nicht nur in Institutionen der Wissensvermittlung ein, sondern auch in Erkenntnissysteme und damit in Sprache selbst: Warum das N-Wort (immer noch) rassistisch ist und seine Verwendung im Gegensatz zum Rassebegriff keinen Nutzen bringt, wird in Kapitel vier deutlich. Im letzten Kapitel wird schlussendlich der institutionelle Rassismus bei der Polizei aufgerollt. Zum einen werden am Fallbeispiel von Oury Jalloh die Verstrickungen von Rassismus, Gesetz und Recht aufgezeigt. Zudem wird deutlich, inwieweit unsere Sehgewohnheiten von Rassismus geprägt sind.

Auf diese Weise will das Buch eine Grundlage für einen informierten Dialog schaffen, mit dem Ziel, die Antirassismusdebatte in Deutschland zu professionalisieren und weiter voranzubringen. Als strukturbildende Ideologie steht Rassismus absolut konträr zu der Selbstverpflichtung von Deutschland, die Menschenrechte einzuhalten, vor Diskriminierung zu schützen und die im Grundgesetz festgeschriebenen Werte zu garantieren. Stattdessen werden in der gegenwärtigen Lage die bestehenden Machtverhältnisse aufrechterhalten und Ungleichheit normalisiert und legalisiert. Bevor wir also in einer politischen Sackgasse enden, ist es wichtig, sich über eine allgemeingültige Definition von Rassismus zu verständigen, die davon ausgeht, dass Rassismus strukturell ist und sich in alle Ebenen der Gesellschaft eingeschrieben hat. Erst dann können wir lösungsorientierte Maßnahmen dagegen entwickeln, die Erfolg versprechen und nicht nur symbolisch sind.

Kapitel 1:
Rassismus und Geschichte

Im Zuge des BLM-Sommers 2020 wurden weltweit Denkmäler von umstrittenen historischen Personen gestürzt. In den USA wurden zahlreiche Kolumbus-Denkmäler vom Sockel gerissen. In Großbritannien wurde das Denkmal des »Versklavers« Edward Colston ins Hafenbecken geworfen. In Belgien wurde das Bildnis von König Leopold II verbrannt. In Frankreich wurde Voltaire entstellt. Ebenso in Australien: Dort wurden gleich mehrere Denkmäler des britischen »Entdeckers« James Cook bemalt. Die Liste der Interventionen in koloniale Erinnerungskultur während des Sommers 2020 ist lang und zeigt, wie zentral das Thema Kolonialismus in der Auseinandersetzung mit Rassismus ist. Heute ist Kolonialismus als Macht- und Herrschaftssystem zwar vorbei, ideologisch wirkt er aber als sogenannte Kolonialität fort.[1] Die rassistischen Ideen des Kolonialismus beeinflussen bis in die Gegenwart hinein Körperbilder, Wissen und Wissensproduktion sowie die Machtstrukturen unserer Gesellschaft. So bestimmt die andauernde Kolonialität etwa noch immer das Verständnis dessen, wer oder was »deutsch« ist.[2] Die Proteste des Sommers 2020 machen auch deutlich, dass die deutsche koloniale Erinnerungskultur große Defizite aufweist. So wird mit der andauernden Kolonialität deutsche Geschichte stets aus *weißer* Perspektive geschrieben. Doch wir müssen in einer postkolonialen Perspektivumkehr deutsche Geschichte auch von einem Schwarzen Standpunkt aus betrachten.

Im Berliner Tiergarten wurde das Bismarck-Nationaldenkmal, eines von über sechshundert existierenden Bismarck-Denkmälern in Deutschland und seinen ehemaligen Kolonien, großflächig mit pinker und goldener Farbe besprüht und beschriftet: Auf dem Sockel der Statue stand in schwarzen Buchstaben »Decolonize Berlin« – wie es schon seit Jahren von Aktivist:innen gefordert wird. Allerdings distanzierte sich das Bündnis Decolonize Berlin e.V. in einer öffentlichen Stellungnahme von dieser Aktion. Das Bündnis besteht aus zehn zivilgesellschaftlichen Organisationen, die sich bereits seit Längerem für Straßenumbenennungen, die Rückführung menschlicher Gebeine, für politische und kulturelle Bildung und andere postkoloniale Projekte einsetzen. Es wird vom Land Berlin finanziert und fungiert als Koordinierungsstelle »für ein gesamtstädtisches Aufarbeitungskonzept Berlins kolonialer Vergangenheit«, wie es auf der Homepage heißt. Seine Aufgabe ist es, »Vorschläge zu formulieren, um die Auseinandersetzung mit der deutschen Kolonialvergangenheit zu intensivieren, das Thema in Wissenschaft und Bildung zu verankern und würdige Formen des Erinnerns zu entwickeln«, heißt es weiter.[3]

Aber welche »würdigen Formen des Erinnerns« an europäische Kolonialgeschichte gibt es? Einige

Kunsthistoriker:innen halten es für den falschen Weg, Denkmäler zu zerstören. Sie sagen, es sei besser, sich durch Gegendenkmäler kritisch mit Geschichte auseinanderzusetzen. Allerdings kommen solche Vorschläge erst, wenn radikale Interventionen erfolgt sind. Weniger radikale Einsprüche und Forderungen werden meist nicht gehört. So demonstriert etwa das Komitee für ein afrikanisches Denkmal in Berlin (KADIB) bereits seit 2007 für eine Gedenkstätte, die an die Schwarzen Opfer des Kolonialismus, des Nationalsozialismus und der rassistischen Gewalt der Nachkriegszeit erinnern soll. Jedes Jahr findet im Februar ein vom Komitee organisierter Gedenkmarsch statt, der sich zeitlich auf das Ende der Berliner Kongokonferenz von 1884/85 bezieht. Ins Leben gerufen wurde die Initiative laut Pressemitteilung, »um der Forderung nach Anerkennung der Verbrechen gegen afrikanische/Schwarze Menschen Nachdruck zu verleihen und um ihren Widerstand zu würdigen«. Aus demselben Grund hatten die Vereinten Nationen die internationale Dekade für Menschen afrikanischer Herkunft[4] unter dem Motto »Anerkennung, Gerechtigkeit, Entwicklung« ausgerufen (2015–2024), heißt es weiter. Aber statt diese Forderung anzuerkennen, schließe die Bundesregierung neo-koloniale Freihandelsabkommen, schaffe Abhängigkeiten von europäischer Entwicklungshilfe, exportiere Waffen und externalisiere seine Grenzlinien, während Afrikaner:innen im Mittelmeer durch unterlassene Hilfeleistungen der EU ertrinken.[5]

Das KADIB kritisiert in seinem Schreiben auch das

2019 von der Bundesregierung eröffnete Humboldt Forum im Berliner Schloss. Zwar bezieht sich die Einrichtung des Forums auf Artikel 5, Absatz 3 des Grundgesetzes, in dem die Freiheit von Kunst und Wissenschaft garantiert wird. Auch wird der Kampf gegen Antisemitismus, Rassismus, Rechtsextremismus und jede Form von gewaltbereitem religiösem Fundamentalismus ins Zentrum ihrer Initiative gerückt.[6] Allerdings wird bei der Umsetzung des Projekts die Tragweite des deutschen Kolonialismus unterschätzt. So versäumen die Verantwortlichen, die Herkunft vieler historischer Objekte zu klären, die mit großer Wahrscheinlichkeit während der zahlreichen Kolonialkriege geraubt wurden. Im Zuge dessen fehle auch die Auseinandersetzung mit den Herkunftsgesellschaften der Objekte, konstatiert der Historiker Christian Kopp vom Aktionsbündnis No Humboldt 21 gegenüber der Deutschen Welle (DW).[7]

Es ist unangenehm, sich mit der eigenen Rolle im Kolonialismus auseinanderzusetzen. Einfacher ist es natürlich, Kolonialismus als Problem der anderen zu werten. Frankreich oder England seien schlimmer gewesen, heißt es, und außerdem sei der deutsche Kolonialismus nur sehr kurz gewesen.[8] In deutschen Schulbüchern wird Kolonialismus nur am Rande thematisiert. Mehr noch: In Unterrichtswerken der 1980er Jahre – und zwar in der DDR wie in der BRD – kam der deutsche Kolonialismus viel ausführlicher zur Sprache als heute.[9] Dabei kann Kolonialismus nicht von der Gründungsgeschichte Deutschlands getrennt werden – ebenso wenig wie die Geschichte des Rassismus. Welche Geschichte und Geschichten werden unseren Kindern heute bloß erzählt?

Genau genommen wäre die Gründung der ersten deutschen Nation ohne Rassismus gar nicht möglich gewesen. Denn im Glauben, es gebe »deutsches Blut«, wurden Rasse und Nation aufs Engste miteinander verstrickt.[10] In der Folge werden Deutsche noch heute als *weiß*, blond und blauäugig imaginiert. Diese Vorstellung fand ihren tödlichen Tiefpunkt bekanntermaßen im Nationalsozialismus. Doch es wäre falsch, zu glauben, dass der deutsche Rassismus im Nationalsozialismus begonnen habe und ausschließlich in der rechten Ecke zu finden sei. Und daher ist es auch falsch, Rassismus mit Rechtsextremismus gleichzusetzen.

Rassistische Ideen gibt es im Laufe der Geschichte immer wieder. Ende des 15. Jahrhunderts entwickelt sich in Spanien eine zu Anfang religiös begründete Idee von »Rassen«, die sich von dort aus in Europa ausbreitete. Im 18. Jahrhundert wird der Rassismus in Europa dann zu einer Wissenschaft verklärt. Daran war neben Disziplinen wie der Anthropologie, der Eugenik und den Sexualwissenschaften auch die europäische Philosophie maßgeblich beteiligt. Der deutsche Anthropologe Johann Friedrich Blumenbach (1752–1840) und der deutsche Philosoph Christoph Meiners (1747–1810) führten die rassistische Hierarchisierung ein. Der Rassebegriff fand in Deutschland insbesondere durch Immanuel Kant (1724–1804) Verbreitung und regt noch heute hitzige politische Diskussionen an, wie später aufgezeigt wird. Kant hatte wesentlichen Anteil daran, dass die Idee von »Rasse« als biologische Kategorie hierzulande Verbreitung fand. Durch sein Rassedenken und seine darauf aufbauende Rassenlehre wurde Rassismus überhaupt erst materialisiert, d.h., die Kategorie »Rasse« wurde in seinen Vorlesungen (1790–1791) zu einem greifbaren Konzept, auf dessen Grundlage Schwarze Menschen herabgewürdigt und diskriminiert werden konnten.[11] Kants rassifizierenden Ideen bildeten auch die Grundlage dafür, dass spätere Philosophen wie Georg Wilhelm Friedrich Hegel (1770–1831) die Vorstellung verbreiten konnten, Schwarze Menschen seien keine geschichtlichen Wesen, was er als Beweis für ihre vermeintliche Unterlegenheit anführte.[12] Bis heute wirkt »Rasse« als strukturierendes und ordnendes Merkmal auf die Gesellschaft zurück und hat dadurch eine soziale Funktion, die jenseits von biologischen Kategorien wirkt.

Während Immanuel Kant allen bekannt sein dürfte, muss der Schwarze Aufklärer Anton Wilhelm Amo (ca. 1703–1753) wieder ins kollektive Gedächtnis gerufen werden. Der Philosoph und Jurist promovierte 1729 an der Universität Halle-Wittenberg zu den Rechten der Schwarzen (damals mit dem M-Wort fremdbezeichnet) in Europa.[13] Seine Arbeit verweist bereits auf die Wichtigkeit von Recht und Justiz in allen Epochen Schwarzer deutscher Geschichte, wie auch später noch deutlich wird. Nach dreißig Jahren aktivistischer Forderung wird nun zu Recht als richtige Antwort auf die BLM-Bewegung endlich die M-Straße in Berlin-Mitte nach Amo umbenannt. Schon fünfzig Jahre vor Kant hatte er die Menschenrechte diskutiert und Schwarze

Menschen dabei einbezogen. Ob Kant hingegen tatsächlich alle Menschen meinte, als er in seinen Schriften von allen Personen sprach, oder doch nur den (inzwischen sehr alt gewordenen) »*weißen* Mann«, bleibt fraglich. Dass er wohl eher Letzteren meinte, zeigt folgendes Zitat:

> »Die Menschheit ist in ihrer größten Vollkommenheit in der Race der Weißen. Die gelben I* haben schon ein geringeres Talent. Die N* sind weit tiefer, und am tiefsten steht ein Teil der amerikanischen Völkerschaften. [...] Die N* von Afrika haben von der Natur kein Gefühl, welches über das Läppische stiege.«[14]

Wir leben immer noch in der Verfestigung von Kants Rassenlehre, obwohl er selbst in seinem Spätwerk Zweifel an seiner eigenen Theorie hegte. Vom Sockel wurde Kant zwar nicht gestoßen, aber seine kritischen Schriften werden mit Blick auf den antirassistischen Protesten aufs Neue diskutiert – ein kleiner, aber wichtiger Fortschritt. Denn auch wenn Kant sich in seiner Altersschrift für die Gleichberechtigung aller Rassen aussprach und Kolonialismus und Versklavung verurteilte,[15] ist das Rassedenken, was die Grundlage seiner Rassenlehre war und zur Herausbildung der biologischen Kategorie Rasse geführt sowie Kolonialismus und Versklavung gerechtfertigt hat, nicht verschwunden. Noch heute sind die Nachwirkungen des Kolonialismus und somit auch des Rassedenkens der europäischen Aufklärung sowohl auf dem afrikanischen

Kontinent als auch hierzulande in Form von Alltagsrassismus spürbar. Dieser reicht von Ablehnungen bei der Wohnungssuche über verweigerte Beförderungen im Beruf bis hin zu einfachen Fragen, die Schwarzen Menschen das Deutschsein absprechen, wie »Woher kommst du?« oder Aussagen wie »Du sprichst aber gut Deutsch«.[16]

Bei der weiteren Etablierung des Rassebegriffs und der Entwicklung von Rassentheorien spielte, wie eingangs erwähnt, der europäische Kolonialismus eine bedeutende Rolle. Das deutsche Kolonialreich umfasste Teile der heutigen Staaten Burundi, Ruanda, Tansania, Namibia, Kamerun, Gabun, Republik Kongo, Zentralafrikanische Republik, Tschad, Nigeria, Togo, Ghana, Neuguinea und mehrere Inseln im Westpazifik und Mikronesien. Koloniale Kontinuitäten zeigen sich heute in Deutschland im öffentlichen Raum (am Beispiel kolonialer Straßennamen), in Museen (am Beispiel kolonialer Raubkunst) oder in den Namen von medizinischen Kliniken, wie beispielsweise beim Virchow-Klinikum Berlin. Der deutsche Arzt und Pathologe Rudolf Virchow (1821–1902) gilt bis heute als einer der wichtigsten Wissenschaftler des 19. Jahrhunderts. Im Laufe seines Lebens trug er eine große Sammlung von menschlichen Schädeln zusammen. Schätzungen zufolge wurden dafür rund dreihundert Schädel gestohlen. Sie stammen von Opfern des vierjährigen Aufstands der Ovaherero, Nama, Damara und San gegen ihre deutschen Kolonialherren von 1904 bis 1908. Teile dieser Sammlung sowie mehrere Objekte aus anderen Sammlungen sind im Berliner Medizinhistorischen Museum der Charité (BMM) gelagert. Ursprünglich gemessen, um Menschen von Tieren zu unterscheiden, wurden Schädel bald verwendet, um die Idee »menschlicher Rassen« zu bescheinigen. Später wurden sie eingesetzt, um mehr über den menschlichen Geist herauszufinden. Dies schlug jedoch mangels geeigneter Methoden fehl. Der Schweizer Anatom Franz Joseph Gall (1758–1828) versuchte zu beweisen, dass bestimmte Eigenschaften und Fähigkeiten des Menschen in den Schädel eingeprägt seien, was zu der fiktiven Vorstellung führte, dass Charaktereigenschaften biologisch bestimmbar und messbar seien.[17]

Diese rassistischen Absurditäten nahmen keinen Abbruch und beeinflussten schon früh die soziale Realität von Schwarzen Deutschen, die auf Grundlage der kolonialen »Mischehegesetze« in den meisten Fällen als »illegitime« Kinder deutscher Eltern geboren wurden und aufgrund ihrer vermeintlichen »Rassenzugehörigkeit« kein Aufenthaltsrecht im deutschen Kaiserreich erhielten: Damals wurde Deutschsein per Gesetz als *weiß* festgeschrieben, ohne es jedoch explizit so zu benennen. Vielmehr wurde gesetzlich geregelt, dass die Nachkommen von Afrikaner:innen, damals »Eingeborene« genannt, nicht Deutsche sein könnten.[18] Auch die Residenzpflicht wurde als politische Kontrollmaßnahme in Kolonialregierungen eingesetzt und ist auch heute wieder im Asylgesetz zu finden: Nach § 56 des Asylgesetzes dürfen sich Asylbewerber:innen und Geduldete nur in einem ihnen zugewiesenen Aufenthaltsbereich bewegen. Als Reaktion auf die rassistischen Brandanschläge in Hoyerswerda und Rostock-Lichtenhagen Anfang der 1990er Jahre wurde dieses Gesetz durch den sogenannten Asylkompromiss verschärft.[19] Die damaligen Ausschreitungen sowie der seit Ende der 1990er aktive NSU, in Chemnitz und Zwickau verwurzelt, und sein weitreichendes Netzwerk bereiteten den Nährboden für die heutigen rassistischen Bewegungen wie Pegida, die Identitäre Bewegung, rechte Hooligans, NPD, AfD und nicht zuletzt »besorgte Bürger:innen«. Die in den Medien kreisenden emotional aufgeladenen Berichte über »kriminelle Migrant:innen« und »Wirtschaftsflüchtlinge«, gekoppelt mit Angstposts in den sozialen Medien, fanden breitflächig ihren Weg auf deutsche Straßen.[20]

Tödlichen Höhepunkt bildeten die gewalttätigen Ausschreitungen im ostdeutschen Chemnitz im September 2018. Nach einer Auseinandersetzung am Rande eines Stadtfestes war es zu einer Messerstecherei gekommen. Ein Mann wurde tödlich und zwei weitere schwer verletzt. Rechte und rechtsextreme Gruppen riefen aufgrund der Nachricht vom vermeintlichen Migrationshintergrund des Täters zu Demonstrationen auf. Die Polizei sah keinen Anlass, die Einsatzkräfte zu verstärken, obwohl sie rechtzeitig über die Aktivitäten informiert worden war. Die deutsche Presse schaffte es lange nicht, zu benennen, dass der getötete Daniel Hillig ein Schwarzer Deutscher war, der selbst jahrelang rechte Gewalt und Rassismus erleiden musste. Ein Umstand, der den rechten Netzwerken in die Hände spielte. Die rechte Szene zeichnete und instrumentalisierte das Bild eines Täters mit Migrationshintergrund, der einen vermeintlich *weißen* Deutschen tötete.[21] So versuchte die Szene, die Tat zu rassifizieren und als Beweis für den in der Einleitung bereits angesprochenen Mythos, es gebe Rassismus gegen *weiße* Menschen, zu missbrauchen.

Die Schwarze deutsche Historikerin Fatima El-Tayeb beschreibt die gegenwärtige Situation folgendermaßen:

> »Die Not der Geflüchteten hat etwas erschreckend Stabilisierendes für die deutsche Identität. Die Welle rassistischer Gewalt um die sogenannte ›Asylkrise‹ in den 1990ern, der politische Ruck nach rechts, um den ›Sorgen der Bürger‹ entgegenzukommen, die Verschärfung eines vormals relativ großzügigen Asylrechts, das zum ersten Mal auf die Probe gestellt worden war – all das scheint ebenso vergessen wie die Diskussion um die Notwendigkeit, Rassismus als solchen zu benennen. Stattdessen geht es wie gehabt um ›Fremdenfeindlichkeit‹.«[22]

Rassismus als strukturelles Phänomen darf nicht hinter Worthülsen wie »Fremdenfeindlichkeit« oder »Ausländerfeindlichkeit« verschwinden, denn es geht hier weder um »Fremde« noch um »Ausländer:innen«. Fremdbezeichnungen wie »Migrant:in«, »Mensch mit Migrationshintergrund« oder »Mensch mit Migrationsgeschichte« greifen zu kurz, weil die meisten so bezeichneten Menschen vor vielen Jahrzehnten aufgehört haben zu migrieren. Wie wir am Beispiel von Anton Wilhelm Amo sehen, lebten Schwarze Menschen bereits im 18. Jahrhundert im deutschsprachigen Raum, und viele Schwarze Familien haben seit der deutschen Kolonialisierung noch immer ihren Lebensmittelpunkt in Deutschland. Daher haben Schwarze Menschen das Recht auf eine eigenständige deutsche Geschichtserzählung, die nicht nur generationsübergreifende Migrationserfahrungen in den Vordergrund stellt, sondern Schwarze Vielfalt und Verwurzelung hierzulande widerspiegelt und Schwarze Menschen als Subjekte anerkennt. Dafür stehen die Selbstbenennungen Schwarze Deutsche oder Afrodeutsche bereit. Diese finden aber aufgrund des Rassismus nur schwer Einzug in Medien und Politik. Dabei kann und darf Schwarze deutsche Geschichte nicht ausschließlich im Kontext von Migration und Integration gelesen werden. Genauso wenig darf sie mit der Geschichte des Rassismus gleichgesetzt werden. Vielmehr müssen die Gesellschaftsstrukturen in den Blick genommen werden, die Ausschlüsse produzieren, eine Schwarze deutsche Geschichtserzählung unmöglich machen und das Gefühl erzeugen, »fremd im eigenen Land«[23] zu sein.

Die deutsche Geschichte des 20. Jahrhunderts weist viele Beispiele andauernder Kolonialität auf, z.B. wie Schwarzen Deutschen ihr Deutschsein abgesprochen wurde und sie zu Fremden gemacht wurden, – und sie reichen sogar bis in das 21. Jahrhundert hinein. Als Deutschland nach dem Ersten Weltkrieg im Rahmen des Versailler Vertrags seine Kolonien an die Alliierten abgeben musste, verloren die Deutschen nicht nur ihre Kolonialterritorien: Zahlreiche im Kaiserreich lebende Kolonialmigrant:innen verloren im Zuge dessen ihren

Aufenthaltsstatus. Sie erhielten »Fremdenpässe«, wie Theodor Wonja Michael in seiner Biografie berichtet, oder sie wurden des Landes verwiesen.[24] Sie waren gezwungen, ihre deutsche Heimat und ihre Familien zu verlassen. Weiterhin wurden seit Ende des Ersten Weltkrieges die Nachkommen von Schwarzen, meist französischen Soldaten und *weißen* deutschen Frauen*, als »Rheinlandbastarde« herabgewürdigt. Nach dem Zweiten Weltkrieg wurde wiederum nach einer offen rassistischen Bundestagsdebatte entschieden, die Kinder von Schwarzen US-amerikanischen Soldaten und *weißen* deutschen Frauen* in den USA zur Zwangsadoption freizugeben. Die rassistische Struktur war hierbei mächtiger als die Staatsangehörigkeit der *weißen* deutschen Mütter, deren Kinder nicht mehr als Deutsche in Deutschland leben durften – eine ziemlich perfide Verstrickung von Patriarchat und Rassismus. Die Bundestagsdebatte um diese Zwangsadoptionen verweist zudem auf die institutionelle Dimension rechtlicher Entscheidungen und macht die Billigung und Unterstützung des Anti-Schwarzen Rassismus durch die Alliierten sichtbar.[25]

Auch in der Geschichte der DDR finden sich Beispiele fortdauernder rassistischer Ausschlussprozesse. Der Kommunismus hatte nach dem Zweiten Weltkrieg den Faschismus zwar unterdrückt, ihn aber nicht zerstört. Rassismus und Antisemitismus wurden fortan strengstens gesetzlich geregelt, aber nie als nationale Realität anerkannt oder aufgearbeitet. So kam es in der DDR durchaus zu rassistischen, antisemitischen und auch neonazistischen Taten, von Schmierereien bis hin zu körperlicher Gewalt. Der Historiker Harry Waibel weist in einer 2014 erschienenen Studie zu unveröffentlichtem DDR-Archivmaterial ca. 9000 neonazistische, rassistische und antisemitische Propaganda- und Gewalttaten nach.[26]

Ein konkretes Beispiel des gesetzlich geregelten Rassismus ist etwa das der Schwarzen Vertragsarbeiter:innen aus Mosambik, Angola und Kuba, die nicht integriert wurden, sondern gezwungen waren, in Segregation zu leben. Nach der Wende wurden sie allerdings nicht in die gefeierte Gesamtgesellschaft eingebürgert, sondern zum Teil des Landes verwiesen, nachdem ihre Verträge beendet wurden. Ähnlich erging es in der DDR lebenden Namibier:innen. Mit dem Verlust der deutschen Kolonien nach dem Ersten Weltkrieg wurde Namibia mit den Vereinbarungen des Versailler Vertrags von 1915 bis 1990 einem anderen afrikanischen Land unterstellt: dem *weißen* Südafrika. Im Zuge ihrer Befreiungskämpfe gegen das Apartheidregime flohen viele Namibier:innen in das nördlich angrenzende Angola, wo sie von Kuba und der ehemaligen DDR gerettet werden konnten. Insgesamt vierhundert namibische Vorschulkinder kamen auf diesem Weg nach Ostdeutschland, wo sie bis zum Mauerfall gelebt haben. Mit der Wiedervereinigung und dem Erlangen der Unabhängigkeit Namibias wurden sie jedoch nicht eingebürgert, sondern nach Namibia zurückgeschickt, obwohl sie zum Teil seit 1979 in der DDR gelebt hatten. Mit der Wende ging ein wichtiger Teil (Schwarzer) deutscher Geschichte verloren, über den kaum in der Öffentlichkeit gesprochen wird.

Anders als andere Communitys schauen Schwarze Menschen in Deutschland nicht auf ein gemeinsames Herkunftsland zurück und sprechen auch nicht die selbe Herkunftssprache. Aufgrund dieser Vielfalt ist es fast unmöglich, die Schwarze Community statistisch zu erfassen. Dies soll nun mit dem #Afrozensus erreicht werden. Von Juli bis September 2020 wurde die Onlinebefragung vom Schwarzen Empowerment-Projekt Each One Teach One (EOTO e.V.) durchgeführt, um belastbare Zahlen über die Lebensrealitäten, Diskriminierungserfahrungen und Zukunftsperspektiven von Schwarzen Menschen in Deutschland zu bekommen. Ziel der Hashtag-Initiative ist es, für mehr Sichtbarkeit der Schwarzen Bevölkerung zu sorgen. Die Ergebnisse werden im Frühjahr 2021 erwartet. Sie werden den Communitys und der Politik zur Verfügung gestellt. Auf dieser Basis sollen konkrete politische Maßnahmen vorgeschlagen werden, um Rassismus abzubauen und Schwarze Menschen in Deutschland besser schützen und fördern zu können.[27]

Vor diesem Hintergrund wird deutlich, dass wir über Rassismus nicht aus nur einer Perspektive heraus sprechen dürfen. Wir können verwobene Geschichten nicht erzählen, als handele es sich um eine einzige Geschichte. Wir können nicht viele Realitäten auf eine Realität minimieren und dann behaupten, das sei die ganze »objektive« Wahrheit. Und ebenso wenig können wir unseren Blick auf nationale Gegebenheiten begrenzen, sondern müssen auch immer den globalen Kontext mitdenken. Hinzu kommt, dass auch andere Debatten nicht in ihrer Gänze geführt werden können, ohne über strukturellen Rassismus zu sprechen, wie beispielsweise die Klimadebatte: Industrialisierung als Ursache des Klimawandels wurde nur durch Kolonialisierung und Versklavung möglich, die hier in Europa und nicht in den USA oder auf dem afrikanischen Kontinent mit den »Entdeckungsreisen« der Europäer:innen im 15. Jahrhundert begannen.[28] Auch treffen die Folgen des Klimawandels unterschiedliche geografische Regionen auf unterschiedliche Art und Weise, wie die Schwarze Klimaforscherin Rebecca Abena Kennedy-Asante erklärt:

> »Weltkarten über die Verwundbarkeit zeigen, dass Länder im Globalen Süden am stärksten von Klimawandelfolgen betroffen sind. Beispielsweise gibt es in Trockengebieten spezialisierte Ökosysteme, die an hohe Temperaturen und geringe Niederschlagsmengen angepasst sind. Aber wenn sich das verstärkt, kollabieren die Systeme, und Individuen und Arten sterben. Veränderte Lufttemperaturen können Zyklone verstärken, wie dieses Jahr in Mosambik und Zimbabwe. Außerdem schmelzen Pole, Meeresspiegel steigen, Trinkwässer auf pazifischen Inseln versalzen, und Küstenregionen werden überflutet. So werden aus ökologischen Krisen soziale Krisen.«[29]

In Europa schauen wir allerdings vom Sofa aus zu, wie Schwarze Körper seit Jahren im Mittelmeer ertrinken, wenn sie versuchen, diesen Krisen zu entfliehen. Und sollten sie Europa doch erreichen, dann sind sie dazu verdammt, ihr Leben im Lager oder in der Illegalität mit stetiger Bedrohung von (staatlicher) Gewalt zu fristen. Erst dann, wenn wir also verstanden haben, dass Rassismus strukturell ist, das Rassedenken ungebrochen fortwirkt, Kolonialismus noch andauert und die Erderwärmung und das Sterben im Mittelmeer unmittelbar damit zu tun haben, können wir diese Debatten zusammenführen und nicht nur soziale Gerechtigkeit, sondern intersektionale Gerechtigkeit einfordern. Wenn wir aber die politischen Themen und gesellschaftlichen Teilbereiche voneinander isolieren, kommen wir nicht an die verwobenen Strukturen des Rassismus heran und können auch keine nachhaltigen Lösungen finden.

Kapitel 2:

Die rassische Wende: Von biologischer »Rasse« zu sozialer Race

Wie im vorherigen Kapitel beschrieben, wurde das Konzept »Rasse« von Immanuel Kant in die deutsche Wissenschaft eingeführt und in der Kolonialzeit als eine Kategorie biologischer Unterschiede politisiert. Auch wenn wir heute wissen, dass es diese Unterschiede nicht gibt und nur eine Menschenrasse existiert, nämlich *homo sapiens sapiens*, sind mit dieser Erkenntnis die anhand der imaginierten Kategorie entstandenen kolonialen Ungleichheiten nicht einfach verschwunden. Wir sind weit davon entfernt, »Rasse« keine Bedeutung in der deutschen (und europäischen) Gesellschaft zuzumessen.[1] Auch wird der Rassismus nicht verschwinden, wenn wir den Rassebegriff im Grundgesetz ersetzen, wie dies gegenwärtig von den Grünen gefordert wird.

Mit dem Tod von George Floyd stießen die Grünen im Sommer 2020 eine vergessen geglaubte Debatte wieder an und forderten, den Begriff »Rasse« im Artikel 3, Absatz 3 des Grundgesetzes zu ersetzen. Im ersten Moment mag der Vorschlag fortschrittlich scheinen, aber neu ist er nicht. Die »Anti-Rasse-Debatte«

war bereits 2005 vom *weißen* Menschenrechtler Hendrik Cremer angestoßen worden. Damals lautete die Forderung, »Rasse« ersatzlos aus dem Grundgesetz zu streichen, was von allen Schwarzen Communitys vehement abgelehnt wurde. Die Initiative Schwarzer Menschen in Deutschland e.V. (ISD) intervenierte damals mit einem Positionspapier, um zu verhindern, dass der Begriff ersatzlos gestrichen wird, da eine Gesetzeslücke entstehen würde. Neben ihrem inhaltlichen Widerspruch kritisierte die Initiative, dass die Debatte zum Rassebegriff nicht ausschließlich von *weißen* Expert:innen geführt werden dürfe.

2009 veröffentlichte Cremer ein Positionspapier im Auftrag des Deutschen Instituts für Menschenrechte, in dem er sich von der ersatzlosen Streichung des Begriffs distanzierte und mögliche Ersatzvorschläge diskutierte. Cremer argumentierte weiterhin, dass Rassismus nicht bekämpft werden könne, wenn der Begriff beibehalten werden würde. Er glaubt, dass die Nichtverwendung des Rassebegriffs die Problematik vereinfachen würde:

> »Die Forderung, den Begriff ›Rasse‹ nicht mehr zu verwenden, sollte nicht als Sprach- oder Denkverbot verstanden werden. Es geht vielmehr darum, Sprach- und Denkgewohnheiten zu hinterfragen und aufzubrechen. Unter Berücksichtigung der geschichtlichen Wirkung von Konzepten und gedanklichen Konstrukten, die mit dem Begriff ›Rasse‹ verbunden sind, ist kein Grund ersichtlich, an dem Begriff festzuhalten.«[2]

In ihrem aktuellen Vorstoß argumentieren die Grünen, dass es keine biologische Grundlage für Menschenrassen gibt und diese auch nie gegeben hat. Sie sprechen sich gegen den Rassebegriff aus, da er überholt sei und daher im Gründungsdokument der Bundesrepublik Deutschland nichts (mehr) zu suchen habe. Er müsse ersetzt werden, fordern sie, da er an sich rassistisch sei. Diese Argumentation unterstützt auch die ISD. Doch darin, wie auch in den Ausführungen von Cremer, steckt ein Denkfehler. Denn im Zuge der sozialwissenschaftlichen Forschung hat sich bereits eine Bedeutungswende des Rassebegriffs abgezeichnet, die zwingend vollzogen werden muss, bevor darüber nachgedacht werden kann, »Rasse« aus dem Grundgesetz zu streichen.

Seit der Kolonialisierung kämpfen Schwarze Menschen in Deutschland für die Sichtbarmachung ihrer Geschichte, was bislang nur entlang der Kategorie »Rasse« (und nicht entlang des Rassismus) möglich gemacht werden konnte. Denn aufgrund der Langlebigkeit des Rassismus hat die biologische Kategorie »Rasse« eine soziale Realität hervorgebracht, die auch in Deutschland über die Jahrhunderte hinweg gewachsen und zum Grundmoment Schwarzer deutscher Geschichte geworden ist. Um dem gerecht zu werden, wird im sozialwissenschaftlichen Kontext die englische Bezeichnung »Race« verwendet. Dieser Begriff legt eine soziale Definition zugrunde und ermöglicht »Agency«, d.h. die Fähigkeit, für sich selbst einstehen und sprechen zu können. Der Begriff schließt dabei die Geschichte der konstruierten biologischen Kategorie

»Rasse« ein, um seine fortdauernde soziale Wirkung in den Blick nehmen zu können. So fällt die biologische Herkunft des Wortes nicht weg, sondern wird zum Ordnungsmerkmal für die Analyse von sozialen Realitäten.

Die zentrale politische Aufgabe muss es daher sein, die Aufmerksamkeit auf die Bedeutung von Race als sozialer Kategorie zu lenken und nicht auf die veraltete biologische Lesart von »Rasse«. Dieser Bedeutungswandel ist in der Soziologie als »Racial Turn« bekannt und ließe sich ins Deutsche als »rassische Wende« übersetzen. Im Zuge dieses Wandels können Oppositionen wie *weiße* Vorherrschaft/rassistische Unterdrückung, Macht/Ohnmacht, Zugänge/Ausschlüsse etc. sichtbar gemacht und ihre strukturellen Auswirkungen auf gesellschaftliche Prozesse erkannt werden. So wird es möglich, diese Oppositionen infrage zu stellen sowie das damit einhergehende Wissen zu dekonstruieren und kritisch zu ergänzen.[3]

Der prozessorientierte (und nicht ergebnisorientierte) Ansatz des Racial Turn wurde durch den Schwarzen Soziologen W.E.B. Du Bois zu Beginn des 20. Jahrhunderts in die US-amerikanische Wissenschaft eingeführt. Der Schwarze Antirassismusforscher wandte sich von den vorherrschenden biologischen Vorstellungen der Kategorie »Rasse« ab, indem er die soziale Konstruiertheit, also die bloße Erfindung von biologischen »Rassen« aufzeigte. Gleichzeitig konnte er die Wirkmächtigkeit dieser Erfindung darstellen. Damit erhielt Race im angloamerikanischen Raum die soeben beschriebene sozial definierte Bedeutung und zog mit der Zeit zahlreiche theoretische, soziale und politische Widerstandspraktiken nach sich, die wiederum eine Wende im öffentlichen Diskurs brachten. Dadurch konnte Race als soziale Kategorie nicht nur in der Wissenschaft etabliert werden, sondern auch zu gesellschaftlichen Veränderungen beitragen.[4]

In Deutschland wurde die »rassische Wende« bereits in den 1980er Jahren durch die US-amerikanische Gastprofessorin Audre Lorde angestoßen: Selbstbezeichnungen wie Schwarze Deutsche und Afrodeutsche lösten nun rassistische Fremdbezeichnungen ab. Schwarze deutsche Geschichte konnte aus der Subjektperspektive (und nicht aus der Opferperspektive) auf der Grundlage von Race nachgezeichnet und dokumentiert werden.[5] Auch wurden zu dieser Zeit schon rassismuskritische und antirassistische Workshops, Tagungen und Kongresse durchgeführt, die die politische Landschaft langsam veränderten.[6] So konnte v.a. die soziale Dimension des Rassismus, auch bekannt als Alltagsrassismus, im Laufe der Zeit sichtbar werden, die sich, wie oben beschrieben, beispielsweise auf dem Wohnungs- oder Arbeitsmarkt zeigt.

Der Racial Turn ist gegenwärtig noch in Gang und muss zwingend vollzogen werden. Bislang wurde er schrittweise ausgeführt: Angefangen mit den Selbstbezeichnungen Schwarze Deutsche und Afrodeutsche auf der linguistischen Ebene wurde er später auf der postkolonialen Ebene fortgesetzt, z.B. durch die oben genannte postkoloniale Perspektivumkehr, die 2010 zur Umbenennung des Gröbenufers in Berlin-Kreuzberg in May-Ayim-Ufer führte und 2020 zum Beschluss, die M-Straße in Berlin-Mitte in Anton-Wilhelm-Amo-Straße umzubenennen. An diesen Beispielen wird deutlich, dass ein Umdenken nur diskursiv vollzogen werden kann, d.h., dass es von Diskursen getragen und schriftsprachlich sichtbar gemacht werden muss. Dazu ist eine Institutionalisierung von Schwarzen Studien in Deutschland existenziell wichtig, wie sich im nachfolgenden Kapitel zeigen wird. Denn das, was *weiße* Deutsche heute über Schwarze Menschen (allgemein-) wissen, wurde aus der Kolonialzeit unhinterfragt in die Gegenwart transportiert und verfestigt. Es ist daher entscheidend, dass der Rassebegriff nicht ersetzt wird, sondern dass seine Bedeutungsgeschichte als Angelpunkt der notwendigen gesellschaftlichen Veränderung stehen bleibt, damit seine soziale Dimension im Kampf gegen Rassismus anerkannt und dementsprechend gestärkt wird. Dies setzt voraus, dass Schwarze Wissensproduktionsprozesse und -momente im deutschen Wissenschaftssystem verankert werden.

Einen produktiven Ersatzvorschlag in der gegenwärtigen Debatte konnten die Grünen bislang nicht nennen. Sie schlagen vor, »Rasse« durch »rassistisch« zu ersetzen. Damit bestätigen sie ihr verkürztes Verständnis von Rassismus als ein interpersonales und nicht als ein strukturelles Phänomen. Ihr Vorgehen würde vielleicht Herrn Hegel gefallen, der afrikanischen Menschen Geschichtslosigkeit bescheinigt hatte. Seine These würde nämlich gestärkt werden, ginge doch mit dem Ersetzen des Begriffs im Grundgesetz der historische Kontext von »Rasse« verloren und damit auch das »Lesezeichen« Schwarzer deutscher Geschichte. Denn wenn »Rasse« ohne den Racial Turn vollzogen zu haben im Grundgesetz ersetzt werden würde, bestünde die Gefahr, dass Schwarze deutsche Geschichte ganz und gar verschwinden würde. Im besten Falle würde sie mit der Geschichte des Rassismus in Deutschland gleichgesetzt werden. Zwar sind beide Geschichten miteinander verwoben, aber sie gleichzusetzen wäre fatal. Denn faktisch sind sie einfach nicht das Gleiche, zumal es, wie eingangs geschildert, unterschiedliche Formen von Rassismus gibt. Und außerdem sind Schwarze Menschen weitaus mehr als die Summe ihrer Rassismuserfahrungen!

Wenn wir also »Rasse« im Grundgesetz ersetzen würden, bevor der Racial Turn abgeschlossen ist, wäre die Folge, dass das Rassedenken und damit einhergehend die biologische Vorstellung vermeintlicher Menschenrassen ungebrochen fortwirken würde und Schwarze Menschen weiterhin in der Opferrolle gefangen blieben. Dabei ist Schwarze deutsche Geschichte gerade von Widerstand und Empowerment geprägt. Bevor das Wort verschwinden kann, muss also erst ein gesellschaftliches Umdenken erfolgen! Die Erkenntnis, dass nur eine menschliche »Rasse« existiert, führte nicht zum Verschwinden von Rassismus. Und das wird das bloße Ersetzen des Begriffs auch nicht. Trotzdem zeigen sich FDP, Linke und SPD offen für die Forderung der Grünen. Auch CDU/CSU haben sich inzwischen von dem Vorstoß verleiten lassen und im Oktober 2020 beschlossen, dem Vorschlag zu folgen. Berlins Justizsenator Dirk Behrendt (Grüne) schlug vor, das Wort auch aus der Landesverfassung zu streichen. Doch der Begriff muss stehenbleiben! Denn der Vorschlag der Grünen verfehlt nicht nur das Ziel, den rechtlichen Schutz vor Diskriminierung zu stärken, und führt ins Leere, sondern wäre auch zum Nachteil anderer marginalisierter Gruppen, wie Muslim:a, Rom:nija und Sinti:zze, deren Diskriminierung ebenso über eine Rassifizierung erfolgt.[7]

Es ist natürlich eigentlich absurd, dass Menschen aufgrund der längst widerlegten Vorstellung von biologischen Menschenrassen weiterhin auf der Grundlage von Rassenvorstellungen diskriminiert werden. Doch das Rassedenken, das mit dieser Vorstellung einhergeht, bleibt bis heute erhalten. Nur so konnte Rassismus überhaupt wirken. Mehr noch, aus der aktuellen Formulierung im Grundgesetz leitet sich das fundamentale Verbot *weißer* Vorherrschaft ab, die die Kehrseite der rassistischen Unterdrückung ist. Im Grundgesetz wird *weiße* Vorherrschaft mitgedacht, wenn es im Artikel 3, Absatz 3 heißt:

> »Niemand darf wegen seines Geschlechtes, seiner Abstammung, seiner Rasse, seiner Sprache, seiner Heimat und Herkunft, seines Glaubens, seiner religiösen oder politischen Anschauungen benachteiligt oder bevorzugt werden. Niemand darf wegen seiner Behinderung benachteiligt werden.«

Menschen dürfen also nicht nur aufgrund von »Rasse« nicht »benachteiligt«, sondern umgekehrt auch nicht aufgrund dessen bevorzugt werden. Mit dieser

Formulierung wird auch die Kehrseite rassistischer Unterdrückungsprozesse in den Blick genommen. *Weiße* Vorherrschaft wirkt nämlich auch, ohne dass ein konkreter Fall von rassistischer Zuschreibung erfolgt, z.B. indem sie Zugänge für die privilegierten Gruppen produziert, die wiederum Ausschlüsse für die diskriminierten Gruppen mit sich bringen. Es wäre allerdings nicht möglich gewesen, die Kehrseite der rassistischen Unterdrückung zu erkennen, wenn die Bedeutung der Kategorie »Rasse« ignoriert worden wäre. Schlimmer noch: Ohne Race als soziale Analysekategorie verschwindet *weiße* Vorherrschaft wieder in der Unsichtbarkeit, und die Verbindungen von Rassismus, Kolonialismus, Nationalsozialismus und nicht zuletzt der Wiedervereinigung bleiben ungreifbar und unbegreifbar.

Zwar gibt es einzelne Arbeiten von *weißen* Wissenschaftler:innen, die sich mit der Geschichte des *Weiß*seins in Deutschland beschäftigen[8], diese Diskurse spielen in der Politik allerdings (noch) keine Rolle, auch wenn sie im Sommer 2020 von der breiten Masse wahrgenommen wurden. Dennoch tragen Konzepte wie Critical Whiteness, White Fragility oder White Tears zur Sichtbarmachung und Dekonstruktion des *Weiß*seins bei[9] und machen deutlich, dass Rassismus nicht nur dann relevant ist, wenn Schwarze Personen anwesend sind. Rassismus ist ein Problem, das durch *weiße* Menschen verursacht worden ist und auch wirkt, wenn *weiße* Menschen unter sich sind. Es ist nicht ausschließlich ein Problem Schwarzer, sondern auch ein Problem *weißer* Menschen. Die Unsichtbarmachung der Rolle von *weißen* Menschen im rassistischen System führt dazu, dass selten hinterfragt wird, welche Strukturen dazu führen, dass Schwarze Personen überhaupt erst diskriminiert werden. Wenn es gilt, die eigenen Privilegien zu erhalten, nehmen viele *weiße* Menschen die Benachteiligung von Schwarzen Menschen sogar unwidersprochen in Kauf.[10]

Der Vorschlag, den Begriff »Rasse« aus dem Grundgesetz zu streichen, ignoriert außerdem, dass der juristische Rassebegriff Menschen nicht in biologische »Rassen« einordnet, wie es viele der Kritiker:innen meinen, sondern im Gegenteil Menschen davor schützt, nach biologischen »Rassen« kategorisiert zu werden. Es braucht allerdings das nötige juristische Wissen, um zu verstehen, dass »Rasse« als Rechtsbegriff ein notwendiges Instrument ist, um Anti-Schwarzen Rassismus antidiskriminierungsrechtlich angehen zu können. Auf dem Verfassungsblog schreiben die Jurist:innen of Color Dr. Cengiz Barskanmaz und Dr. Nahed Samour dazu:

> »Wenn einem Schwarzen Mann der Zugang zur Disko verweigert wird, geht der Türsteher nicht davon aus, dass er biologisch der ›Schwarzen Rasse‹ angehört, sondern dass Schwarzer Männlichkeit, wie im Falle von George Floyd, gefährliche und weitere negative Eigenschaften zugeschrieben werden. Das ist gemeint, wenn von Rasse und Geschlecht als soziale Konstrukte gesprochen wird, die zudem miteinander verschränkt sind.«[11]

Da »Rasse« auch mit Blick auf andere marginalisierte Gruppen eine soziale Wirkung hat, muss der Begriff in der Logik des Antidiskriminierungsrechts beibehalten werden, denn ansonsten sind die unterschiedlichen Formen von Rassismus juristisch nicht greifbar. Statt den Begriff zu ersetzen, sollte die Umsetzung und Anwendung des Racial Turn auf den deutschen Kontext für ein kategorienbasiertes Antidiskriminierungsrecht genutzt werden (ein solches Antidiskriminierungsrecht würde z.B. die Kategorien Geschlecht, »Rasse«, ethnische Herkunft, Behinderung etc. sowie ihre Überschneidungen berücksichtigen). Es ist daher vor allem aus verfassungsrechtlichen Gründen wichtig, dass der Rassebegriff im Grundgesetz stehen bleibt. Denn während wir Sozialwissenschaftler:innen die abweichende Bedeutung zwischen »Rasse« und Race für die Gesamtgesellschaft fruchtbar machen können, ist dies auf der rechtlichen Ebene nicht mit einer Änderung der Formulierung des Gesetzes getan.

Wichtiger wäre es, eine klare Definition von strukturellem Rassismus verbindlich für die Rechtsprechung aufzunehmen, denn wir dürfen nicht vergessen, dass das Recht nicht nur aus Gesetzestexten besteht, sondern auch die Rechtsprechung einen wesentlichen Bestandteil des Antidiskriminierungsrechts ausmacht. So findet auf dieser Ebene viel Rechtsauslegung statt, also eine subjektive Interpretation der zuständigen Richter:innen, wie auch das später erläuterte Fallbeispiel zum N-Wort zeigt. Um die Rechtsprechung zu verändern, braucht es eine klare Definition von strukturellem Rassismus als Ergänzung und Anwendungshilfe, auf deren Grundlage rassismuskritisch und antirassistisch geurteilt werden kann.[12] Eine klare Definition von strukturellem Rassismus – sowohl allgemein als auch für die Rechtsprechung im Speziellen – fehlt für den deutschen Kontext, Übersetzungen englischsprachiger Definitionen ausgenommen, die häufig wegen unterschiedlichen Wortbedeutungen ungenau sind, wie eben bei »Race« und »Rasse«. Eine Definition von strukturellem Rassismus für den deutschen Kontext sollte Rassismus als Ideologie historisch einordnen, als Fundament Deutschlands und Europas anerkennen und als strukturelles Phänomen erfassen, das sich in alle gesellschaftlichen Ebenen eingeschrieben hat, in Deutschland und global. Aus der Antirassismusforschung der letzten zwanzig Jahre sind bereits Definitionen von Rassismus hervorgegangen, die diesen Anforderungen zum Teil schon gerecht werden.

Auch muss zwingend der rechtliche Umgang mit Mehrfachdiskriminierung geregelt werden. Von dieser Lücke ausgehend hat die Schwarze US-amerikanische Juristin Kimberlé Crenshaw das Konzept Intersektionalität auf der Grundlage der Critical Race Theory entwickelt. Sie kritisierte mit der Verwendung der sozialen Kategorie Race das Rechtssystem dafür, dass es sich v.a. an den Lebens- und Arbeitsrealitäten von *weißen* Männern der bürgerlichen Klasse orientierte und sie zur Norm erhob, wodurch ihnen jegliche Rechtsfragen erleichtert wurden. Schwarze Menschen hingegen erlebten vor Gericht erhebliche Nachteile, genauso wie Frauen*. Vor allem jedoch waren es Schwarze Frauen*, die weder die gleiche soziale Position wie Schwarze

Männer noch wie *weiße* Frauen* innehaben, die von Nachteilen betroffen waren. Schwarze Frauen* erlebten also in mehrfacher Hinsicht Diskriminierungen, die sich zusätzlich auf eine spezifische Weise verschränken, was Crenshaw mit dem Konzept der Intersektionalität benennt.[13]

So konnte sichtbar werden, dass die am stärksten gefährdeten Personen innerhalb der Schwarzen Community Schwarze cis Frauen, Schwarze Menschen mit Behinderung, Schwarze trans Personen und Schwarze queere Personen sind, die spezifische Formen von Mehrfachdiskriminierung in Verschränkung mit »Rasse« erleben. Die Aufgabe, einen rechtlichen Umgang mit Intersektionalität zu finden, steht den Rechtswissenschaftler:innen in Deutschland noch bevor. Das spricht zusätzlich dagegen, »Rasse« im Grundgesetz zu ersetzen, denn ohne ein grundlegendes Verständnis von »Rasse« als soziales und juristisches Konzept kann keine intersektionale Gerechtigkeit erreicht werden.

Und nicht zuletzt: Warum gilt die Forderung, den Begriff zu ersetzen, nur für »Rasse« und nicht für Geschlecht – eine Kategorie, die auch biologisch definiert ist? Eine Streichung oder Ersetzung von Geschlecht aus dem Grundgesetz ist im Zuge der Frauen*bewegung und dem Kampf gegen Sexismus nicht erfolgt und wurde in dieser Form auch nicht gefordert. Dennoch ist der englischsprachige Begriff Gender nicht nur im wissenschaftlichen, sondern auch im alltäglichen Sprachgebrauch angekommen. Ein ähnlicher Prozess steht für Race im deutschen Kontext noch aus.

Es ist existenziell wichtig, dass wir die soziale Wirkung von »Rasse« in den Blick nehmen und den Begriff widerständig umdeuten. Dabei sollte der Rassebegriff im Grundgesetz stehen bleiben, um das Machtgefälle, das noch immer hinter der biologischen Idee von vermeintlichen Menschenrassen steht und wirkt, sichtbar zu machen und davor zu schützen. Erst wenn die »rassische Wende« vollzogen ist, also die Vorstellung vom *weißen*, blonden, blauäugigen Deutschen auch im Alltag verschwindet und Schwarze Menschen nicht mehr gefragt werden, woher sie kommen und wann sie dorthin zurückgehen, werden wir den Begriff nicht mehr brauchen. Von allein werden diese Vorstellungen allerdings nicht verschwinden. Der Vorschlag der Grünen, »Rasse« im Grundgesetz zu ersetzen, ist kontraproduktiv, da der Begriff in seinem historisch-biologistischen Kontext in den Köpfen der Menschen bliebe und ein Umdenken unmöglich gemacht werden würde.

Zu diesem Zeitpunkt muss es darum gehen, die Voraussetzungen dafür zu schaffen, die tradierten rassistischen Vorstellungen, die mit »Rasse« einhergehen, aufzulösen. Dazu muss der begonnene Prozess gesamtgesellschaftlich sichtbar gemacht und weitergetragen werden, was meines Erachtens nur durch Wissenschaft, Forschung und Bildung erzielt werden kann. Eine »rassische Wende« kann nur dann gelingen, wenn Black Studies institutionalisiert werden. Und da Rassismus keine biologischen »Rassen« braucht, um funktionieren zu können, und ohne den Begriff »Rasse« ungehindert fortwirken würde, kommt der Antirassismusforschung eine weitere wichtige Stellung in dieser Debatte zu.

Das Ziel muss sein, allgemeine Grundlagen zu schaffen, Definitionsfragen zu klären sowie Werkzeuge zur weiteren Analyse zu entwickeln. Diese müssen außerdem politisch verbindlich werden, so wie es beispielsweise mit dem Berliner Landesantidiskriminierungsgesetz (LADG) geschehen ist. Auf seiner Grundlage werden seit Sommer 2020 Klagen wegen institutionellem Rassismus, v.a. bei der Polizei, vereinfacht. Dies war auf der Grundlage des Allgemeinen Gleichbehandlungsgesetzes (AGG) vorher nicht möglich. Auch kommt den Betroffenen von Rassismus auf Grundlage des LADG eine finanzielle Erleichterung zugute. Im Beschwerdefall wird zudem eine gewisse Anonymität gewährleistet. Zu kritisieren gilt, dass die Verfasser:innen des LADG den Rassebegriff nicht verwenden, sondern von »rassistischer Zuschreibung« sprechen und dadurch v.a. den institutionellen Rassismus nicht vollständig umfassen.[14] Denn Rassismus funktioniert auch mit »Rasse«, aber ohne dass eine konkrete rassistische Handlung daraus erfolgt, wie nachfolgend am Beispiel des institutionellen Rassismus an deutschen Hochschulen und Schulen ersichtlich wird. Doch ein Landesgesetz kann nicht die einzige gesetzliche Maßnahme sein, um den allumfassenden, systemimmanenten, strukturellen Rassismus in der Gesamtgesellschaft zu bekämpfen. Wir müssen konstruktive Wege finden, gegen rassistische Polizeigewalt und alle anderen Formen von Rassismus effektiv vorzugehen. Weitere wichtige Schritte sind etwa eine Reformation des Rechts auf

Staatsbürger:innenschaft und damit einhergehend des Wahlrechts.

Nur indem wir eine Wissenskultur schaffen, die Gegenentwürfe zum *weißen* Eurozentrismus bietet,[15] können Anti-Schwarzer Rassismus im Speziellen und Diskriminierungen im Allgemeinen nachhaltig abgeschafft werden. Allerdings kommen die Antirassismusforschung und auch der (bisher) rechtlich festgeschriebene Schutz vor Rassismus im Grundgesetz ohne die Verwendung des Rassebegriffs nur schwer aus. Streng genommen kann ohne »Rasse« als Endprodukt des Rassismus gar nicht über strukturellen Rassismus gesprochen werden. Das einzig Produktive an dieser Debatte ist, dass sie erlaubt, detailliert auf die Strukturen des Rassismus zu blicken.

Kapitel 3:
Rassismus und Wissen

Um Rassismus als strukturelles Phänomen verstehen und die »rassische Wende«, also den Bedeutungswandel von »Rasse« zu Race, vollziehen zu können, brauchen wir nicht nur die wissenschaftliche Aufarbeitung deutscher Kolonialgeschichte aus postkolonialer Perspektive, sondern auch die Institutionalisierung von Schwarzen Studien und eine Reform der Antirassismusforschung. Um nachhaltige Effekte erzielen zu können, müssten aus diesen zentralen Forderungen Transferleistungen von antirassistischen Wissensproduktionen und Handlungsoptionen in die verschiedenen Institutionen stattfinden. Denn in ebendiesen Institutionen führt das Zusammenwirken von Gesetzen, Normen, Praktiken, aber auch Diskursen zur Produktion und Reproduktion von Ungleichheit und Ausgrenzung.

Und damit sind wir beim institutionellen Rassismus angekommen. Dieser ist v.a. von *weißen* Menschen schwer zu verstehen, da er weder auf der interpersonellen Ebene abläuft noch an Einzelhandlungen festgemacht werden kann. Von institutionellem Rassismus ist dann die Rede, wenn Rassismus die Organisationsstrukturen von Institutionen wie Hochschulen und

Schulen, aber auch die der Polizei, beeinflusst und rassistische Handlungspraxen auf der individuellen und interpersonalen Ebene zur Folge hat. Dabei ist es irrelevant, ob eine Person (ob Lehrer:in, Schüler:in oder Polizeibeamt:in) absichtsvoll handelt oder nicht, da der Effekt der rassistischen Handlung entscheidend ist. Institutioneller Rassismus kann dabei als eine spezifische Form des strukturellen Rassismus verstanden werden, die sich explizit auf die Strukturen in Organisationen und Institutionen bezieht.

Als europäische Denktradition wurde Rassismus gezielt dazu eingesetzt, um *Weiß*sein zu normalisieren und Herrschaft, Macht und Privilegien zu legitimieren und zu sichern. Diese historisch gewachsene und im Laufe der Jahrhunderte ausdifferenzierte Ideologie produzierte und produziert weiterhin rassistisches Wissen, schrieb und schreibt sich in Sprache ein (siehe dazu Kapitel vier), formte und formt ein »Wissensarchiv«, das als historisches Gedächtnis funktioniert und Rassismus konserviert. Wissenschaft, Forschung und Bildung greifen fortlaufend auf das so gespeicherte Wissen zurück und reproduzieren kontinuierlich seine Inhalte.[1]

Es gibt aber auch »gelebte Archive«[2], die Wissen um Rassismus speichern und die aufzeigen, dass Rassismus strukturell ist. Dies wird später am Beispiel des institutionellen Rassismus bei der Polizei deutlich. Auch wenn Politiker:innen behaupten, es gebe keinen institutionellen Rassismus bei der Polizei, zeigen die aufgeführten Beispiele, wie rassistische Polizeipraktiken von der Justiz gestärkt und von Diskursen getragen werden. Letzteres wird durch in solchen »Archiven« gespeicherte Stereotypisierungen von beispielsweise Schwarzen Männern als »kriminellen Drogendealern« überhaupt erst möglich.

Zuerst werde ich aber im Folgenden auf den institutionellen Rassismus in Wissenschaft und Forschung eingehen. In einem zweiten Schritt werde ich die vielseitigen Folgen und Auswirkungen von institutionellem Rassismus für das Bildungssystem diskutieren. Da Wissenschaft (inkl. Forschung) und Bildung in Wissensgesellschaften wie der deutschen einen sozialen Zyklus bilden, wäre eine Isolierung der beiden Bereiche kontraproduktiv, denn die rassistischen Strukturen wirken übergreifend. In Kapitel fünf wird später das Thema des institutionellen Rassismus noch einmal aufgenommen und im Kontext Polizei beleuchtet.

1. Wissenschaft und Forschung

An deutschen Hochschulen ist institutioneller Rassismus allgegenwärtig. Erfahrungsberichte zeigen, dass Rassismus gegenüber Schwarzen Lehrenden und Schwarzen Studierenden gang und gäbe ist.[3] Und zwar nicht nur in den Texten verstorbener *weißer* männlicher Philosophen. Rassismus hat sich auch in die akademischen Strukturen eingeschrieben, die ebenso ins Blickfeld gerückt werden müssen. Wie bereits in Kapitel eins dargestellt, trugen Wissenschaft und Forschung maßgeblich dazu bei, Rassismus zu strukturieren und gesellschaftsfähig zu machen. Die Schwarze US-amerikanische Literaturwissenschaftlerin und Kulturkritikerin bell hooks kritisierte den wissenschaftlichen Betrieb in den USA und legte seinen strukturellen Rassismus offen.[4] Sie erläuterte, dass in den USA *weiße* Wissenschaftler:innen den Diskurs über »Rasse« und Rassismus bestimmen würden und mehr Aufmerksamkeit für ihre Forschung über Schwarze erhalten als Schwarze Wissenschaftler:innen selbst. Das Gleiche gilt auch für Deutschland. Hierzulande sind sowohl Wissenskonzepte als auch die Wissenschaft selbst untrennbar mit *weißer* Vorherrschaft und rassistischer Autorität verbunden. Artikel 5, Absatz 3 des Grundgesetzes schützt zwar die Freiheit von Wissenschaft und Kunst, allerdings entbindet die Freiheit der Lehre nicht von der Treue zur Verfassung, wie es im Folgesatz heißt. Damit sind auch die Universitäten an das Gleichheitsrecht des Artikel 3 gebunden.

Wie wir bereits aus feministischen Diskursen wissen, sind Universitäten nicht frei von Sexismus. Und genauso wenig sind sie frei von Rassismus. Im Gegenteil, sie sind die Keimzelle des Übels, weil sie grundlegend für die Konstruktion und Konstitution von Rassismus sind. Rassismus an deutschen Hochschulen rückt aber selten in den Blick, da er hinter dem vermeintlichen »Objektivitätspostulat«[5] zurückfällt, das die *weiße* Normposition in Unsichtbarkeit hüllt. Doch Objektivität ist alles andere als »objektiv« und die Wissenschaft alles andere als ein neutraler Ort. Universitäten sind ein *weißer* Raum, in dem immer wieder Schwarze Wissenschaftler:innen zum Schweigen gebracht werden und ihnen sehr häufig das Privileg verweigert wird, zu forschen und zu lehren.[6] Theoretische Diskurse über Schwarze Menschen wurden schon immer von *weißen* Wissenschaftler:innen dominiert: Schwarze Realitäten wurden von *weißen* Soziolog:innen definiert, Schwarze Bezeichnungen von *weißen* Linguist:innen fremdbestimmt. Diese Form der wissenschaftlichen Aneignung verhindert diskursiven Widerstand und damit einhergehend das Voranbringen des Racial Turn, wie folgendes Beispiel zeigt.

2015 gab es an der Universität Bremen einen (Fehl-) Versuch, Black Studies zu institutionalisieren, allerdings ohne Schwarze Wissenschaftler:innen im Allgemeinen oder Schwarze deutsche Wissenschaftler:innen im Spezifischen zu involvieren. Jedoch tauchten diverse Namen von Schwarzen deutschen Wissenschaftler:innen im Antrag auf, wo sie ohne ihre Zustimmung als mögliche Kooperationspartner:innen gelistet wurden.[7] Schwarzes Wissen wurde von *weißen* Wissenschaftler:innen vereinnahmt, vermutlich mit dem Ziel, die eigene Karriere zu befördern. Dabei wurde ausgeblendet, dass das für die Black Studies notwendige Schwarze Wissen an ein Schwarzes Bewusstsein gekoppelt ist und damit an einen Schwarzen Körper – genauso wie *weißes* Wissen an ein *weißes* Bewusstsein und einen *weißen* Körper. Unter internationalem Protest wurde interveniert und das geplante Projekt nicht realisiert. Zu Recht. Denn Schwarze Studien können nur relevant werden, wenn Schwarze Wissenschaftler:innen aus einer Schwarzen Perspektive forschen und lehren und ein Schwarzer Kanon etabliert und anerkannt wird.

Da die europäische Wissenschaft auf einer eurozentrischen Weltanschauung beruht, wird Afrika als Gegenkonstrukt zu Europa verhandelt, und afrikanischen Wissensformationen wird ihre wissenschaftliche Gültigkeit abgesprochen. Mit den Schwarzen Selbstbenennungen und der damit einhergehenden Selbstpositionierung wurden neue Geschichtszugänge geschaffen und so neue wissenschaftliche Handlungsräume eröffnet. Allerdings liegen diese jenseits der eurozentrischen Norm. Aus diesem Grund werden sie, wie die Psychologin Grada Kilomba feststellt, systematisch disqualifiziert und als »subjektiv«, »emotional« und »persönlich« abgewertet.[8] Die Abwertung Schwarzen Wissens findet sich schon bei Hegel, der behauptete, dass afrikanische Menschen keine Ratio besäßen. Nur durch ihre Versklavung könnten sie eine Wertschätzung für die Freiheit entwickeln und damit einhergehend die disziplinierte Fähigkeit zu denken, Gedanken auszusprechen und danach zu handeln, erklärte er.[9]

Überhaupt wurde die Wissenschaftlichkeit des Westens auch dazu eingesetzt, um Europa und Europäer:innen als *weiß* und überlegen darzustellen, während Afrikaner:innen als »die Anderen« konstruiert und den *weißen* Europäer:innen untergeordnet wurden. Es fand also eine explizite Differenzierung und Distanzierung zwischen dem Eigenen und dem »Fremden« statt, in diesem Fall aufgrund der vermeintlichen »Rasse«. Aber diese »Andersartigkeit« weist nicht auf einen Mangel an Widerstand, Expertise oder Interesse in Universitäten hin, sondern auf einen Mangel an Zugang und Ressourcen.[10] Wenn Ressourcen nicht da eingesetzt werden, wo sie am effektivsten sind, wird der institutionelle Rassismus an deutschen Universitäten kontinuierlich reproduziert statt dekonstruiert, und die Strukturen, die Ausschlüsse produzieren, werden gestärkt.

Im November 2020 verabschiedete der Kabinettsausschuss gegen Rechtsextremismus und Rassismus, der im Mai 2020 als Reaktion auf den rassistisch motivierten terroristischen Anschlag in Hanau von der Bundesregierung neu gegründet wurde, seinen Maßnahmenkatalog gegen »Rechtsextremismus, Rassismus, Antisemitismus, Antiziganismus, Muslimfeindlichkeit, Anti-Schwarzen Rassismus und alle anderen Formen gruppenbezogener Menschenfeindlichkeit«.[11] Diese Auflistung lässt weder hoffen noch staunen. Schon das Sammelsurium an gesellschaftlichen Missständen weist auf die Unwissenheit der Verfasser:innen in Bezug auf strukturellen Rassismus hin. Bestärkt wird diese Vermutung nicht nur durch die Benennung von Antimuslimischem Rassismus als »Muslimfeindlichkeit«, sondern auch durch die Einordnung von Rassismus im übergeordneten Sinne als einer »Form gruppenbezogener Menschenfeindlichkeit«.[12] Fraglich ist, ob das formulierte Ziel des Maßnahmenkatalogs, ein stärkeres Bewusstsein für Rassismus als gesamtgesellschaftliches Phänomen zu schaffen, auf Basis eines Konzepts erreicht werden kann, das entgegen der in diesem Buch dargelegten Logik des strukturellen Rassismus ausschließlich auf der interpersonalen Ebene abläuft. Veranschlagt wurden für die 89 vorgeschlagenen Maßnahmen auf dieser Grundlage 1,1 Milliarden

Euro für den Zeitraum bis 2024. Es ist aber Unsinn, so viel Geld auf einer so uninformierten Basis zu investieren.

Für Unverständnis sorgte zuvor schon die Entscheidung der Bundesregierung im Zuge des BLM-Sommers 2020, eine Fördersumme von 9 Millionen Euro über einen Zeitraum von drei Jahren ins Deutsche Zentrum für Integrations- und Migrationsforschung (DeZIM) zu investieren, anstatt den Forderungen der Black-Lives-Matter-Bewegung nachzukommen und Schwarze Wissenschaftler:innen dabei zu unterstützen, eine Infrastruktur für Schwarze Studien aufzubauen und deren Transferleistung in die Gesellschaft zu sichern. Ziel des DeZIMs ist es, mithilfe der Förderung vom Bund einen »Rassismus-Monitor« zu erstellen, der zeigen soll, wie verbreitet rassistische Vorurteile und Ressentiments in der Bevölkerung sind und welche Ursachen sie haben. Doch es bringt uns kaum weiter, die rassistischen Ressentiments und Vorurteile in der Gesellschaft abzufragen, da Rassismus häufig wirkt, ohne dass dies beabsichtigt gewesen ist. Auch ist es obsolet, Rassismus im Kontext von Migration zu erforschen oder in diesem Kontext einen Monitor zu erstellen. Denn nach dieser Logik müssten Migrant:innen den Rassismus auf ihren vielfältigen Wegen nach Deutschland mitgebracht haben. Inzwischen sollten aber alle verstanden haben, dass der Rassismus schon hier war, als sie ankamen! Darüber hinaus sind auch Schwarze Deutsche und Deutsche of Color von Rassismus betroffen, die keine Migrant:innen sind. Anstatt ihr

Deutschsein anzuerkennen, wird ihnen eine generationsübergreifende Migrationsgeschichte angehängt, die mit ihren eigenen sozialen Realitäten nur rudimentär zu tun hat. Zusätzlich ist unklar, auf welche Grundlage die in diesem »Rassismus-Monitor« erfassten Daten oder ihre Auswertung gestützt werden sollen. Eine Auswertung, die nicht mit einem strukturellen Begriff arbeitet, führt uns nicht weiter. Auch ADEFRA, ein kulturpolitisches Forum von und für Schwarze Frauen*, kritisiert das Erstellen eines »Rassismus-Monitors« im Kontext des DeZIM:

> »Eine Tiefenwirkung und damit nachhaltige Ergebnisse zur Bekämpfung von systemischem, institutionalisiertem Rassismus aufzubauen, kann nicht auf der Basis von quantitativer Forschung erzielt werden. Eine durchaus notwendige sogenannte ›Betroffenenerhebung‹ und ein institutions- und strukturbezogener ›Rassismus-Monitor‹, wie es das DeZIM plant, muss aus einer rassismuserfahrenen und -kritischen Forschungsperspektive generiert werden und in einer intersektional-solidarischen Bewegungsinfrastruktur verankert sein.«[13]

Obwohl Schwarze deutsche Wissenschaftler:innen seit Jahrzehnten Pionier:innenarbeit leisten, wird ihre kritische Forschungsperspektive nach wie vor in wissenschaftlichen, politischen und medialen Fachgesprächen selten einbezogen. Und wenn doch einmal Schwarze Expert:innen, die zu Schwarzen Themen arbeiten, eingeladen werden, dann kommen sie meist aus den

USA. Durch die Missachtung und Unsichtbarmachung Schwarzer deutscher Geschichte wird das Schwarzsein wie selbstverständlich homogenisiert und von Deutschland wegverortet. Dies führt dazu, dass Schwarze deutsche Geschichte amerikanisiert und Rassismus als Exportprodukt der USA verhandelt wird.

Schwarze deutsche Geschichte wird im wissenschaftlichen Kontext in der Regel erst dann relevant, wenn *weiße* Historiker:innen oder *weiße* Ethnolog:innen als Erzähler:innen auftreten. Doch solche Erzählungen sind meist einseitig, wie die Schwarze Autorin Chimamanda Ngozi Adichie eindrucksvoll beschreibt.[14] Sie bergen die Gefahr, Schwarze Geschichte und Geschichten »*weiß*zuwaschen«. Und gerade weil sich Wissenschaft als universell inszeniert, ist die Art und Weise, wie Gewalt durch Wissen und Wissenschaften ausgeübt wird, auch bekannt als »epistemische Gewalt«,[15] eine Form der *weißen* Vorherrschaft, die in vielen Institutionen ungehindert wirkt und wirken kann und die durch die oben genannten politischen Maßnahmen (finanziell) gestärkt wird.

Eine jahrelange politische Forderung der Schwarzen Communitys ist es, eine eigenständig arbeitende Antirassismusforschungsstelle in Deutschland einzurichten, die es sich zur Aufgabe macht, Rassismus als systemische Ideologie historisch einzuordnen, und die anerkennt, dass Deutschland und Europa mit ihrer Kolonialgeschichte auf Rassismus fundiert sind. Um dieses Ziel zu erreichen, braucht es eine Definition, die Rassismus als strukturelles Phänomen bestimmt, das sich sowohl in Deutschland als auch weltweit in alle gesellschaftlichen Teilbereiche eingeschrieben hat. Dabei haben Universitäten im gegenwärtigen globalen Dekolonialisierungsprozess weitaus mehr als die bloße Funktion eines Lern- und Forschungsortes. Sie haben auch eine gesellschaftspolitische Aufklärungspflicht. Es reicht nicht mehr aus, dass sie sich zu einer diskriminierungsfreien Alltagskultur bekennen, es aber nicht schaffen, ihre eigenen Strukturen in den Blick zu nehmen und ihren Status als Akteurinnen innerhalb der *weißen* Mehrheitsgesellschaft verantwortungsvoll auszugestalten. Vorbei ist die Zeit, als sie als starre »Wissensfabriken« agieren konnten, in denen Wissen produziert, vermarktet und der Gesellschaft unhinterfragt zur Weiterverwertung zur Verfügung gestellt wurde.

In den meisten Hochschulgesetzen ist zwar eine Diversity-Klausel enthalten. Allerdings versäumen es viele Universitäten, ihren eigenen Diversitätsleitsätzen nachzukommen. Stattdessen herrscht an deutschen Universitäten größtenteils eine eurozentrische Monoperspektive. Dabei setzt Diversität Multiperspektivität voraus.[16] Doch anstatt Raum für verschiedene Perspektiven bereitzustellen, bleibt Diversity an den Hochschulen meist eine leere Hülse, ein Modewort:

> »Wenn wir aber davon ausgehen, dass auch die Akademie nicht unbeeinflusst und frei von den Strukturen des kapitalistischen Marktes ist, in dem kritische Ansätze und Begriffe wie Waren im Umlauf gebracht und hip werden, müssen wir bereit sein, dem Effekt Rechnung zu tragen, dass differenzkon-

sumierende Verschiebungen stattfinden und Wissenschaftler_innen sich – ob bewusst oder nicht – mit kritischen Ansätzen begrifflich schmücken, ohne die dahinter stehenden (politischen) Theorien und Praxen wirklich zu berücksichtigen.«[17]

Der Tatsache, dass das Diversity-Konzept seinen Ursprung in der Schwarzen US-amerikanischen Bürger:innenrechtsbewegung hat und zur Förderung benachteiligter Gruppen eingesetzt wurde, wird im deutschen Kontext wenig Beachtung geschenkt. Stattdessen profitieren beinahe ausschließlich *weiße*, privilegierte Wissenschaftler:innen, primär *weiße* Frauen*, von den Diversity-Maßnahmen, die so ihre ursprüngliche Zielgruppe verfehlen. Auf diese Weise werden die ohnehin schon *weißen* akademischen Räume fortwährend mehrheitlich *weiß* gehalten.[18] Eine anerkannte Schwarze Antirassismusforschung gibt es in Deutschland bis heute nicht. Dabei brauchen wir dringend eine Antirassismusforschung – und keine Rassismusforschung. Denn Rassismusforschung ist kein Schwarzes, sondern ein *weißes* Projekt, das *Weiß*sein als vermeintliches Außen von Rassismus annimmt. Antirassismusforschung hingegen analysiert Rassismus aus einer Schwarzen Subjektperspektive, setzt also Race als Analysekategorie ein, um beide Seiten des Merkmals »Rasse«, nämlich Schwarz und *weiß*, in den Blick nehmen zu können.

Die meisten Hochschulen stehen jedoch weiterhin vor der scheinbar unüberwindbaren Herausforderung, ihre

Betriebe zu dekolonialisieren. Auch die Einstellungspraxis der Universitäten hat bislang nichts zur Strukturveränderung beitragen können. Bis heute arbeiten Schwarze Wissenschaftler:innen in Deutschland meist unter prekären Umständen – sogar unter prekäreren Umständen, als sie ohnehin schon im Wissenschaftsbetrieb herrschen –, oder sie sind gezwungen, Alternativlösungen zu suchen. Die Optionen sind entweder die Wissenschaft zu verlassen und in einem anderen Bereich zu arbeiten oder auszuwandern, um in der Wissenschaft bleiben zu können – eine strukturelle und keine persönliche Entscheidung. Die wenigen Schwarzen Wissenschaftler:innen, die es schaffen, in der Wissenschaft Fuß zu fassen, werden dann aber meist nur als Gastwissenschaftler:innen eingeladen, immer unter dem Vorbehalt, dass sie in absehbarer Zeit wieder gehen müssen.[19] Sie werden also systematisch aus akademischen Räumen herausgehalten, während *weiße* Wissenschaftler:innen individuell und institutionell den Antirassismusdiskurs lenken.

Für die Universitäten folgt aus diesen Überlegungen, dass sie Schwarzen Wissenschaftler:innen den Raum bereitstellen müssten, die Forschung, die es in Schwarzer deutscher Tradition schon gibt, angemessen fortführen zu können. Gegenwärtig wird größtenteils ignoriert, dass die ersten US-amerikanischen Black-Studies-Institute aus Widerstandsbewegungen hervorgegangen sind. Auch werden in der Regel die Schwarzen deutschen Bewegungen der 1980er und 90er Jahre im Kontext der Wissensgenerierung und -etablierung unsichtbar gemacht und als unwichtig und unwissenschaftlich erachtet. Gleiches gilt für die Forderungen der jungen Black-Lives-Matter-Bewegung, die durch ihre Demonstrationskraft strukturellen Rassismus und rassistische Polizeigewalt ganz oben auf die mediale und politische Agenda beförderten – auch in Deutschland. Zwar wurden sie als starke politische Kraft registriert, inhaltlich werden sie aber weitgehend ignoriert. Dabei geht ihr Wissen auf die Ergebnisse von Schwarzen Expert:innen aus der Wissenschaft und Praxis zurück, wie ADEFRA an anderer Stelle des oben genannten Statements festhält.

Leider existieren bislang auch keine rechtlichen Maßnahmen, die gewährleisten würden, dass Schwarze Student:innen gleichberechtigt am akademischen Leben teilnehmen können. Das Gegenteil ist der Fall. Sie werden systematisch benachteiligt und scheitern oft an den institutionellen Machtstrukturen, die schon im Schulsystem beginnen und Ausschlüsse produzieren, wie im nachfolgenden Kapitel aufgezeigt wird. Diese Ausschlüsse führen dazu, dass (immer noch) zu wenige Schwarze Schüler:innen die Hochschulreife erlangen und sie dementsprechend erschwert Zugang zur Universität erhalten. Und wenn Schwarze Schüler:innen sich für ein Studium entscheiden, dann bleibt eine Ausdifferenzierung der Wissensbereiche gemäß ihren Erkenntnisinteressen meist aus. Dabei bringen sie kulturelles Kapital mit, woraus Schwarzes Wissen als Kollektivgut erzeugt werden kann. In diesem Punkt bleiben deutsche Hochschulen im internationalen Vergleich deutlich hinter Hochschulen anderer (auch westlicher)

Länder zurück, da sie in der Selbstwahrnehmung dieses Defizit weiterhin systematisch ausblenden.

2. Bildung

In den Universitäten fehlt es neben dem oben Genannten auch an rassismuskritischen und antirassistischen Modulen in der Lehramtsausbildung, in den Erziehungswissenschaften und in allen anderen pädagogischen Studiengängen. Sie sind nicht verbindlicher Bestandteil dieser Studiengänge, sondern höchstens Ausnahmen, die freiwillig und zusätzlich zum Pflichtstudium absolviert werden können. Ohne entsprechende Sensibilisierung und Professionalisierung lernt das angehende Lehrpersonal nur selten, die rassistischen Strukturen zu erkennen, die nicht nur ihr eigenes Bewusstsein, sondern auch ihre Klassenzimmer und die gesamte Bildungseinrichtung durchziehen. Und wenn die Studierenden es doch lernen, dann fehlt es meist an Vorschlägen, wie mit diesen Strukturen umzugehen ist. Stattdessen wird nach einer einfachen Lösung für Rassismus gesucht, die es aber nicht gibt.

In vielen Fällen wird Rassismus im deutschen Bildungssystem nicht erkannt oder aus einem *weißen* Dominanzverhalten heraus abgetan und systematisch ignoriert. Im Kontext von Sexismus wird häufig gefragt, wie sich Ungleichbehandlung und Diskriminierung in der Kindheit und Jugend auf das Leben der Betroffenen auswirken. Geht es um Rassismus, wird diese Frage nur in Ausnahmefällen gestellt. Dabei wäre eine solche Herangehensweise ein guter Ratgeber, wenn es darum geht, Schulstrukturen so zu verändern, dass alle Kinder denselben Zugang bekommen.[20] Noch besser wären Lehrer:innen, Erzieher:innen und Sozialarbeiter:innen, die nicht nur über Fachwissen, sondern auch über Erfahrungswissen verfügen.

Schwarze Lehrer:innen, die Rassismus in ihrer Schulzeit erlebt haben, wissen genau, wie Schwarze Kinder sich fühlen. Bislang ist die deutsche Schulrealität aber weit davon entfernt, diese Tatsache anzuerkennen. Wirkliche Diversität im Lehrer:innenzimmer ist ein Mythos, trotz der Bemühungen einiger Bundesländer, Lehrer:innen mit sogenannten Migrationserfahrungen anzuwerben, und trotz Mentoringprogrammen von Stiftungen, die sich spezifisch an angehende Lehrkräfte mit »Migrationshintergrund« richten.[21] Viele *weiße* deutsche Lehrkräfte erkennen aber ihre eigene Rolle im gesamtgesellschaftlichen Rassismusproblem nicht, teilweise auch aufgrund fehlender Bereitschaft, sich mit dem Problem auseinanderzusetzen.[22] Das ist eine ernüchternde Erkenntnis, die ein institutionelles Versagen andeutet, aus dem bisher kaum Konsequenzen gezogen werden. Wenigen Lehrer:innen scheint klar zu sein, dass Rassismus eine Ideologie ist, die sich auch stillschweigend in ihr eigenes Denken und Handeln eingeschlichen hat.

Transportiert wird Rassismus aber nicht nur durch das (Fehl-)Verhalten des Lehrpersonals selbst, sondern auch in und durch Schulbücher und Schulmaterialien. So haben zahlreiche wissenschaftliche Untersuchungen von Schulbüchern gezeigt, wie die Ideen der rassistischen Unterdrückung und *weißen* Vorherrschaft im Bildungssystem unreflektiert, unkritisch und unkommentiert weitergetragen werden.[23] Und die Lehrmaterialien werden mit der Zeit nicht automatisch »besser«. Im Fall der Thematisierung von Kolonialismus in deutschen Schulbüchern beispielsweise kann ganz im Gegenteil sogar ein Rückschritt seit den 1980ern verzeichnet werden, wie im ersten Kapitel bereits erwähnt wurde.

Wenn Themen wie der deutsche Kolonialismus in Lehrplänen und somit auch in Schulbüchern ausgelassen werden, ist das nicht nur ein Beleg dafür, was als unterrichtsrelevant gilt und was nicht. Mit dieser Auslassung wird gleichzeitig eine historische Verantwortung ausgeblendet.[24] Es braucht daher dringend eine Aufarbeitung und Vermittlung deutscher Kolonialgeschichte. Denn fehlende oder mangelhafte Wissensbestände dieser Art prägen nicht nur das Selbstverständnis des deutschen Schulsystems, sie transportieren auch koloniales Gedankengut und somit auch Rassismus ungebrochen in die Gegenwart. Und da es nicht mehr in allen Bundesländern eine gesetzliche Schulbuchprüfung gibt, wie beispielsweise in Berlin, sind dort die Schulinstitutionen selbst verantwortlich für die Entscheidung, ein Buch anzuschaffen oder auch nicht.[25]

Die Verantwortung liegt also bei den einzelnen Lehrer:innen, sich gegen ein Buch mit rassistischen Inhalten zu stellen. Innerhalb der eigenen Schule ist das sicher einfacher durchzusetzen als auf Landesebene. Allerdings ändert das an den Strukturen nichts. Versäumen es die Lehrkräfte, rassismuskritisches und antirassistisches Material bereitzustellen, konnen die Schüler:innen sich den Inhalten nur schwer entziehen. Das gilt für Schwarze, *weiße* und Schüler:innen of Color gleichermaßen – nur die Wirkung, die diese rassistischen Inhalte auf die Schüler:innen haben, ist jeweils eine andere.

Nicht selten erleben Schwarze Kinder schon lange vor der Einschulung vonseiten ihrer *weißen* Familienmitglieder Rassismus und werden bereits von den eigenen Bezugspersonen zu vermeintlich Fremden gemacht. Zementiert wird Rassismus dann spätestens in der Schule, dem Ort, der Kinder mit Wissen ausstattet, welches auf das Leben in unserer Gesellschaft vorbereiten soll, und der darüber hinaus junge Menschen befähigen soll, ihre Persönlichkeiten frei zu entfalten. Wenn Schwarze Kinder das N-Wort im Schulbuch lesen müssen, weil es dort etwa auf eine bestimmte Geschichte aufmerksam machen und zum Nachdenken anregen soll, dann darf keine Verwunderung aufkommen, wenn bei den Kindern Wut aufkocht. Dies mag nicht für alle gelten, aber die Verletzung hinter dem Begriff sitzt tief, und daher kommt das N-Wort einem Hieb aus voller Wucht gleich. Die Gewalt, die in Rassismus steckt, ist nicht nur physische Gewalt, sondern auch psychische. Zudem erhalten wenige Schwarze Kinder die Unterstützung ihres Umfelds oder schaffen es, von allein auf rassistische Ungleichheit hinzuweisen. Das ist auch eigentlich viel zu viel verlangt und sollte nicht Aufgabe der Kinder sein. Häufig fehlt ihren Eltern aber das Wissen um die Abläufe im Schulsystem, oder sie sind schlichtweg bereits mit Arbeit und Alltag zu sehr ausgelastet. Werden die Eltern doch darauf aufmerksam und sprechen die Problematik an, stoßen sie bei den Lehrer:innen oft auf altbewährte *weiße* Abwehrstrategien, Unverständnis und Unbehagen.

Die Haltung einiger *weißer* Eltern, Rassismus sei ein zu schweres Thema für ihre noch jungen *weißen* Kinder, verkennt, dass gleichaltrige Schwarze Kinder gar nicht die Wahl haben, den Zeitpunkt zu bestimmen, ab wann Rassismus in ihrem Leben eine Rolle spielt. Deutlich wird an dieser Haltung lediglich, dass *weiße* Eltern selbst enorme Defizite im Umgang mit Rassismus haben. Dabei ist es auch für *weiße* Kinder elementar, antirassistisch erzogen zu werden, denn auch *weißen* Kindern wird früh vermittelt, dass sie Schwarzen Kindern überlegen seien.[26] Doch nicht nur im Elternhaus, auch in deutschen Schulen herrscht die weitverbreitete Vorstellung, dass Rassismus *weiße* Menschen nichts angehe. Es ist aber falsch, Rassismus als einseitiges Problem zu vermitteln, das nur Schwarze Kinder betrifft.

Aufgrund dieser Fehlannahme versäumen viele Eltern die Gelegenheit, ihre Kinder frühzeitig auf die Herrschaftsverhältnisse, Asymmetrien und ungleich verteilte Ressourcen in unserer Gesellschaft aufmerksam zu machen. Auf diese Weise werden *weiße* Kinder mit einem *weißen* Normalbild vertraut gemacht, während Schwarze Kinder durch rassistische Inhalte, Darstellungen und Repräsentationen objektifiziert und herabgewürdigt werden.[27] Die Frage, ab welchem Alter es wohl angemessen sei, *weiße* Kinder für Rassismus zu sensibilisieren, wird unter *weißen* Eltern immer wieder diskutiert. Dabei nehmen bereits Säuglinge Unterschiede wahr und übernehmen im frühen Kindesalter rassistische Denkmuster, die nicht nur ihre Eltern, sondern auch die Gesellschaft für sie bereithalten.[28] Antirassismusbildung gehört daher als Pflichtfach schon in die Grundschule.

Mögliche Folgen von Rassismus in der Schule wie Leistungsminderung, Schulwechsel und im schlimmsten Fall Schulversagen werden in der Regel nicht auf die Rassismuserfahrungen der betroffenen Kinder bezogen. Keinen Schulabschluss zu haben oder einen Abschluss, der unter der eigentlichen Kompetenz liegt, ist bittere Realität für Schwarze Kinder in Deutschland. Der soziale Tod von Schwarzen Kindern ist im deutschen Bildungssystem vorprogrammiert und institutionalisiert. Gleichzeitig wird das schlechtere Abschneiden von Schwarzen Schüler:innen immer wieder gern als Argument genommen, wenn *weiße* deutsche Politiker:innen sich in Migrations- und Integrationsdebatten verfangen und versuchen, eine Kausalität zwischen vermeintlicher Migration, Integrations- und Aufstiegsversagen und Kriminalität herzustellen.

Beim genauen Hinsehen wird der wesentliche Zusammenhang zwischen Rassismus und sozialer Ungleichheit deutlich: Schwarze Kinder bekommen nämlich nicht automatisch die gleichen Bildungschancen wie ihre *weißen* Mitschüler:innen. Schwarze Schüler:innen sind zweifelsohne sozial schlechter gestellt als *weiße* Schüler:innen. Die Anzahl von Schwarzen Gymnasiast:innen im Verhältnis zu Schwarzen Haupt- und Sonderschüler:innen ist überproportional gering.[29] Diese Ungleichheit wird auch durch den Versuch vieler Schulen gefördert, vermeintlich homogene Lerngruppen zu schaffen. So führen etwa die sogenannten Förderklassen auch dazu, dass das *weiße* Bildungsbürger:innentum weitgehend unter sich bleibt. Das deutet auf eine rassistische Verfehlung hin, die sich auf der institutionellen Ebene einschreibt. Einzelne Lehrer:innen können so nur rudimentär etwas an den schlechten Bildungschancen für Schwarze Kinder ändern.[30]

Rassistisches Fehlverhalten in Schulen wird in den seltensten Fällen gemeldet. Wo denn auch? Es gab lange Zeit keine Beschwerdestelle, und auch das Beschwerdemanagement ist undurchsichtig. In ihrer Antwort auf eine schriftliche Anfrage über Diskriminierung von Schüler:innen an Berliner Schulen bestätigte die Senatsverwaltung für Bildung, Jugend und Familie, dass Diskriminierungen keine Meldekategorie seien. Sie könne daher über die Anzahl der tatsächlich erfolgten Fälle keine verlässlichen Angaben machen.[31] Demnach gab es lange Zeit überhaupt keine Möglichkeit, sich offiziell gegen Rassismus im Schulalltag zu beschweren. Hinzu kommt die Angst der meisten Schüler:innen, sich gegen Autoritätspersonen wie Lehrer:innen zu stellen.

Doch wer sich nicht beschwert, wird nicht gehört. Und so war es ein Hoffnungsschimmer, als Berlins erste Antidiskriminierungsbeauftragte für Schulen die Arbeit aufnahm. Von 2016 bis 2019 vermittelte die Schwarze

Studienrätin Saraya Gomis in Konfliktsituationen und versuchte, mit den Betroffenen über ihre Diskriminierungserfahrungen zu sprechen. Hervorgegangen war Gomis' Stelle aus dem Verhandlungsprozess zur Weiterentwicklung des Landesaktionsplans gegen Rassismus vom Landesbeirat für Integrations- und Migrationsfragen (zu diesem Zeitpunkt war ich selbst die Hauptvertreterin der Europäischen Union in diesem Gremium) in Zusammenarbeit mit weiteren »Migrant:innen«organisationen sowie der Berliner Senatsverwaltung. Ursprünglich als einjähriges Projekt geplant, wurde die Position auf insgesamt drei Jahre verlängert, was als Zeichen des Erfolgs gewertet werden kann.

Eng an die Senatsleitung angebunden und mit informeller Autorität ausgestattet, war das Projekt bundesweit einmalig. Zu den Befugnissen der Antirassismusbeauftragten gehörte neben dem Befragungsrecht von beteiligten Personen u.a. auch das Recht, Schulen zu besuchen, Maßnahmen vorzuschlagen und Handlungsempfehlungen auszusprechen.[32] In einem *taz*-Interview beschrieb Gomis ihre Position wie folgt:

> »Es kommen vor allem SchülerInnen mit ihren Eltern, das geht ab dem Grundschulalter los. Manche kommen auch alleine. Oder die Eltern kommen alleine, weil sie sich Sorgen um ihre Kinder machen. Auch LehrerInnen kommen, SozialarbeiterInnen, seltener Schulleitungen. [...] Es geht erst mal darum, dass überhaupt die Möglichkeit entsteht, über den Vorfall zu sprechen. Und dann muss man sehen, welche Maßnahmen gibt es, um die Betroffenen zu

> empowern? Gibt es Gruppen für Menschen, die das Gleiche erfahren haben? Brauche ich diskriminierungskritische PsychologInnen, oder hilft nur noch ein Schulwechsel?«[33]

Insgesamt begleitete Gomis in ihrer Amtszeit fast siebenhundert Fälle. Aber Gomis wirkte nicht nur nach außen in die Berliner Schullandschaft, sondern auch nach innen in die Senatsverwaltung hinein. Sie initiierte die Schulung von Führungskräften in der Verwaltung über rechtliche Grundlagen und den Umgang mit Rassismus und weiteren Formen der Diskriminierung – ein erster Schritt auf dem Weg, den strukturellen Rassismus in der Berliner Senatsverwaltung abzubauen. Die Senatsverwaltung teilte dazu mit:

> »Die überwiegende Anzahl der Fortbildungen zu diskriminierungsrelevanten Themen und die Einbindung dieser in Schulentwicklungsthemen sind vielfältig, nachfrage- und bedarfsorientiert und werden gemäß den gesellschaftlichen Entwicklungen angepasst.«[34]

Gomis' primäres Ziel war es, dafür zu sorgen, dass Diversität nicht nur ein Lippenbekenntnis bleibt, sondern auch praktiziert wird. Dabei ist es besonders wichtig, bei den Lehrer:innen anzusetzen, denn nach Gomis' Erfahrung seien es meistens die Lehrkräfte und nicht die Mitschüler:innen, die sich offen rassistisch, abwertend, beleidigend oder schlicht unsensibel verhielten. Sie würden unbekümmert rassistische Bemerkungen fallen lassen, die spezifischen Geschichtsperspektiven von Schwarzen Schüler:innen ignorieren oder bei gleicher Leistung schlechtere Noten vergeben, erzählte Gomis der *ZEIT*.[35] Deshalb wurde die regelmäßige Fortbildung von Lehrkräften und weiterem pädagogischen Personal zu diskriminierungsrelevanten Themen in Angriff genommen. Zu den Qualifizierungsangeboten gehörten neben konkreten Fortbildungen zum Umgang mit Rassismus auch Fortbildungen, die etwa den Umgang mit Mobbing und diskriminierenden Sprüchen, aber auch sexuelle Vielfalt und gewaltfreie Kommunikation thematisierten.[36]

Ein besonders heftiger Fall begegnete Saraya Gomis, als sie 2018 zur Johanna-Eck-Schule in Berlin-Tempelhof gerufen wurde. Nachdem die neue Schulleiterin nach Amtsantritt von anderen Lehrer:innen der Schule aufgrund ihrer vermeintlichen Herkunft diskriminiert wurde, wurde die Antidiskriminierungsbeauftragte eingeschaltet. Was Gomis an der Schule erwartete, macht fassungslos. Die Antidiskriminierungsbeauftragte blieb selbst nicht von Rassismus verschont. In ihrer Anwesenheit wurden Affenlaute gemacht, eine Lehrerin der Schule demonstrierte vor der Schulbehörde und trug dabei eine Affenmaske. Auf ihrem Plakat stand: »Affentheater statt Unterricht«. Es wurde ein Brief an Gomis' Privatadresse geschickt, auf dem ein Affensticker klebte. Der Brief enthielt die Anleitung zu einem erfundenen Spiel, das im Ethik-Unterricht entworfen wurde und in dem Schüler:innen von einer Schwarzen Frau* namens Gomis dazu aufgefordert wurden, ihre Lehrer:innen umzubringen. Dieses Spiel wurde auch an weitere Personen versandt und hing sogar im Lehrer:innenzimmer aus.

So unglaubwürdig das auch klingt, die Geschichte ist wahr. Und trotz des offensichtlichen Rassismus, war die Reaktion auf die Geschehnisse geprägt von altbekannten *weißen* Abwehrstrategien. Die tatverdächtigen Lehrer:innen wiesen die Vorwürfe gegen sich zurück und gaben eine eidesstattliche Erklärung bei der Senatsverwaltung ab, dass es keinen Rassismus gegeben habe. Die Antidiskriminierungsbeauftragte wurde mit diesen rassistischen Angriffen alleingelassen. Von ihren Vorgesetzten erfuhr sie nur ungenügende Unterstützung. Hinzu kamen interne Attacken aus der Senatsverwaltung. Gomis, selbst verbeamtete Lehrerin, wurde in rassistischer Manier ihre Kompetenz abgesprochen, und ihr wurden klassische Stereotype zugeschrieben: Sie sei zu laut, zu anstrengend, zu temperamentvoll, zu emotional. Ein beschämender Fall nicht nur für Berlin, der das gewaltvolle Ausmaß des institutionellen Rassismus im Bildungssystem besonders deutlich macht.[37]

Als die Stelle der Antidiskriminierungsbeauftragten auslief und zur Wiederbesetzung ausgeschrieben wurde, bewarb sich Gomis nicht noch einmal. Die Gründe hierfür sind bis heute unklar. Der Migrationsrat schaltete sich ein und forderte die Berliner Bildungssenatorin Sandra Scheeres (SPD) in einem offenen Brief dazu auf, lückenlos darüber aufzuklären, wie es zu der Nichtbewerbung Gomis' kam.[38] Die Bildungssenatorin äußerte sich nicht zum Vorfall und führte lediglich aus, wie wichtig die Beratungsstelle sei. Sie werde ab sofort die Position besser bezahlen, höher in der Hierarchie ansiedeln und mit zwei Mitarbeiter:innen ausstatten. Ob das wohl ein »kleiner Trost« für den gelebten Rassismus am Arbeitsplatz sein sollte? Ich wage zu bezweifeln, dass das den gewünschten Effekt hatte. Darüber hinaus solle ein:e Mobbingbeauftragte:r eingestellt werden, führte Scheeres fort. Warum Gomis sich nach Ablauf ihres Vertrages nicht erneut beworben habe, konnte sie sich nach eigenen Angaben nicht erklären. Im August 2019 übernahm Derviş Hızarcı den Posten. Nach nur einem Jahr trat auch Hızarcı von dem Posten des Antidiskriminierungsbeauftragten zurück. Er zieht eine ernüchternde Bilanz: Wenn es zu einem Diskriminierungsfall an einer Schule kam, habe er viel Aufklärungs- und Überzeugungsarbeit leisten müssen, sagte er gegenüber der *taz*. An den Strukturen habe er wenig verändern können.[39]

Was den strukturellen Rassismus angeht, tritt das Schulsystem offensichtlich auf der Stelle und scheint erst dann aufzuatmen, wenn eine Plakette über dem Haupteingang hängt: »Schule ohne Rassismus – Schule mit Courage«. Das bundesweite Schulnetzwerk verspricht Schüler:innen und Pädagog:innen durch aktive Teilnahme eine rassismusfreie Schulkultur. Jede Schule kann den Titel erwerben, sofern sie sich verpflichtet, sich gegen jede Form von Diskriminierung aktiv einzusetzen, bei Konflikten einzugreifen und regelmäßig Projekttage zum Thema durchzuführen.[40] Die Schwarze Autorin Noah Sow schrieb bereits 2016 in ihrem Blog, warum das Konzept nicht funktioniert:

> »Das Label ›ohne Rassismus‹ verhöhnt [...] regelmäßig all die Schülerinnen und Schüler, die an Schulen mit einem solchen selbst verliehenen Slogan mit Aufkleber auf der Schultür nach wie vor Diskriminierungen ausgesetzt sind, sei es durch Lehrmaterial, mangelnde interkulturelle Lehrkompetenz oder ganz einfach in Interaktion mit anderen Schüler_innen. Dass die Schule sich selbst attestiert, ›Ohne Rassismus‹ zu sein, ist auch nach Projekttagen noch kontraproduktiv. Der Titel ist zudem dazu geeignet, die Institution weniger angreifbar zu machen und eine gründliche Selbstanalyse sowie weitere Veränderungen leichter zu verhindern. Da bei den Aktionsformen keine bindenden Lehrer_innenfortbildungen beinhaltet sind, das Lehrmaterial nicht revisioniert wird, und die institutionelle und strukturelle Benachteiligung von Schülerinnen und Schülern of Color nicht so einfach per Proklamation beendet ist, kann ein Erreichen des Ziels, als Institution ›ohne Rassismus‹ zu sein, nicht als gelungen behauptet werden.«[41]

»Schule ohne Rassismus – Schule mit Courage« verkennt die Tatsache, dass wir in deutschen Schulen ein strukturelles Problem mit Rassismus haben, so wie in allen anderen Institutionen von Bildungseinrichtungen bis zur Polizei auch, das nicht im Rahmen weniger Projekttage gelöst werden kann. Ein Nachweis für strukturelle Veränderung ist diese Plakette nicht und kann es nicht sein. Vielmehr ist sie ein weiterer Beleg dafür, dass struktureller Rassismus in seiner ganzen Komplexität nicht verstanden wird. Wenn wir Rassismus konstruktiv angehen wollen, braucht es ein Bewusstsein dafür, was Rassismus ist – auch als Struktur, die über das Handeln Einzelner hinauswirkt. Erst dann können wir effektive Lösungen finden!

Was das Projekt »Schule ohne Rassismus – Schule mit Courage« hingegen trotzdem bewirken kann, ist, dass Umdenkprozesse, im Sinne des Racial Turn, angestoßen werden. Dafür können wir nicht früh genug sensibilisiert werden. Aber im selben Atemzug muss auch eine Professionalisierung des Themas erfolgen. Bis das so weit ist, bleiben die Worte »Schule ohne Rassismus – Schule mit Courage« allerdings leer und die Plakette bedeutungslos. Dort, wo sie hängt, tritt trotz der Plakette und trotz der Projekttage immer noch Rassismus auf. Dieselben Worte hängen auch vor dem Haupteingang der Johanna-Eck-Schule in Berlin-Tempelhof, wo selbst die Antidiskriminierungsbeauftragte des Senats nicht vor Rassismus gefeit war.

Kapitel 4:

Und täglich grüßt das N-Wort: Rassismus und Sprache

Nicht nur in Institutionen wie Universitäten und Schulen oder im öffentlichen Raum findet sich Rassismus, auch in und durch Sprache ist Rassismus wirkmächtig. Eine der Ersten, die auf den Zusammenhang von Sprache und Rassismus aufmerksam machte, war die Poetin, Logopädin und Aktivistin May Ayim. Sie gehörte zu den ersten Schwarzen deutschen Wissenschaftler:innen, die Mitte der 1980er Jahre Antirassismusforschung betrieben. In diesem Kontext beschäftigte sie sich schon früh mit der rassistischen Bedeutung des N-Wortes und kämpfte für die Umbenennung der M-Straße in Berlin-Mitte. Sie war aber auch maßgeblich daran beteiligt, die Selbstbenennungen »Schwarze Deutsche« und »Afrodeutsche« zu entwickeln und stieß damit die »rassische Wende« in Deutschland an. Im Zuge dessen konnten Schwarze Menschen auf der Grundlage von Selbstbenennungen aus ihrer Sprachlosigkeit heraustreten, das kollektive Schweigen durchbrechen und für sich selbst sprechen.

Seit May Ayim Mitte der 1980er auf die rassistische Bedeutung des N-Worts aufmerksam gemacht hat, kehrt die Debatte um das Wort in regelmäßigen Abständen zurück und lässt immer wieder schmerzhaft grüßen. Es scheint, als ob wir in einer Zeitschleife gefangen wären, aus der wir erst dann entkommen können, wenn die letzte Person verstanden hat, dass das N-Wort bereits von Beginn seines Gebrauchs im deutschen Kontext in jeder Verwendung rassistisch war, da es Menschen diskriminierte und negativ bewertete. Der aus dem Spanischen und Französischen entlehnte Begriff gelangte erstmals im 17. Jahrhundert ins Deutsche und fand mit dem Aufkommen der Rassentheorien eine größere Verbreitung. Kants »Rassenlehre« hatte großen Anteil daran, dass das Wort mit einer stark negativen Bedeutung aufgeladen wurde und im öffentlichen deutschen Sprachgebrauch durchgesetzt werden konnte. Gleichzeitig wurde die rassistische Einteilung von Menschen sprachlich installiert. Über ein vorgeblich »neutrales« und öffentliches Kriterium der Sichtbarkeit, nämlich in erster Linie Hautfarbe, wurde die rassistische Ideologie gefestigt.[1] In seinen Vorlesungen (1790–1791) schrieb Kant etwa, dass die mit dem N-Wort bezeichneten Menschen »läppisch« seien.[2] Er meinte damit wohl, Schwarze Menschen seien von geringer geistiger Größe. Später stellte Hegel in seinen Werken Infantilität als ein zentrales Charakteristikum der mit dem N-Wort bezeichneten Menschen afrikanischer Gesellschaften und des afrikanischen Kontinents als Ganzem heraus und verstärkte so das herrschende rassistische Negativbild von Schwarzen Menschen im deutschsprachigen Raum. Entsprechend veranlasste Otto von Bismarck durch die Einberufung der Berliner

Kongokonferenz von 1884/85, dass der afrikanische Kontinent von Europäer:innen willkürlich in vermeintliche »Schutzgebiete« unterteilt wurde, und bestimmte einen »Erziehungsauftrag«. Im Kontext dieses »Erziehungsauftrags« leisteten christliche Missionar:innen einen wesentlichen Beitrag zur Kolonialisierung des Bewusstseins.[3]

Das N-Wort trägt also nicht nur auf der sprachlichen Ebene, sondern gleichzeitig auf der kognitiven sowie auf der visuellen Ebene zur rassistischen Abwertung von Schwarzen Menschen bei und ist damit der Inbegriff des strukturellen Rassismus. Mit der konventionellen Verwendung des Wortes werden negative Bewertungen aufgerufen, die stereotypisierend und somit normierend wirken. Und da das Wort ebendiese sprachliche Machtwirkung hat, kämpfte May Ayim für die Streichung des N-Wortes aus Kinderbüchern wie *Pippi Langstrumpf*:

> »Wie andere kleine Mädchen in meinem Alter spielte ich mit Begeisterung ›Pippi Langstrumpf‹, deren weißer Vater als ›N*könig‹ in ›Takatukaland‹ regiert, fürchtete mich vor dem Schwarzen Buhmann, von dem die Erwachsenen behaupteten, er wohne hinter jeder Kellertür, glaubte daran, dass meine Seele mit jeder Lüge ein bisschen schwärzer würde. Und ich begriff im Vorschulalter allmählich, dass ich mit meiner Hautfarbe genau den Menschen glich, die es in Abenteuerbüchern und Abenteuerspielen immer zu bevormunden, zu bemitleiden, zu bekämpfen oder sogar auszurotten galt.«[4]

Zurück bleiben Narben, die Jahrzehnte später als Traumata wiederkehren, getriggert von sich ständig wiederholenden »Mikroaggressionen«.[5] Die Erkenntnis, dass die historische Verantwortung für diese verletzenden Stereotype bei den *weißen* Europäer:innen liegt, kommt meist erst dann, wenn die Traumata schon fest verankert sind.

Als der Friedrich Oetinger Verlag 2009 entschied, in allen Neuauflagen des Kinderbuchklassikers von Astrid Lindgren das N-Wort zu streichen und Pippis Vater nun als »Südseekönig« zu bezeichnen, erreichte die N-Wort-Debatte einen neuen Höhepunkt. Für die Schwarze Community war mit dieser Änderung ein weiterer Meilenstein auf dem Weg in die Befreiung gelegt. Als einige Jahre später der Thienemann Verlag folgte und auf Wunsch von Otfried Preußler rassistische Begriffe aus seinen Kinderbuchklassikern strich, schien die (Sprach-)Revolution fast vollkommen. Aber die Debatte hörte nicht auf. Denn trotz Selbstdefinitionen, die rassistische Fremdbezeichnungen ablösen sollen, ist das N-Wort im Sprachgebrauch nicht totzukriegen. In der *weißen* Mehrheitsgesellschaft, in Medien und Politik finden Schwarze Selbstbenennungen äußerst selten Verwendung, und die Kritik an der Verwendung des N-Worts wird meist ignoriert. Wenn Schwarze Selbstbenennungen doch genutzt werden, dann ist der Umgang damit sehr unsicher, was sichtbar werden lässt, dass Schwarze Subjekte in öffentlichen Diskursen in den meisten Fällen noch immer abwesend sind. Stattdessen werden sie als Objekte degradiert, über die gesprochen werden darf – egal wie.

Ein eindrückliches und ärgerliches Beispiel dafür, wie die rassistische Fremdbezeichnung weiterhin ungestraft verwendet werden darf, ist ein Vorfall, der sich im November 2018 ereignet hat. Während einer Sitzung des Landtags von Schwerin verwendete der Fraktionschef der AfD Nikolaus Kramer das N-Wort mehrfach. Zuerst rief er in die Rede einer Linken-Abgeordneten wiederholt das N-Wort hinein. Später sagte er dann, er habe das Wort bewusst gewählt, weil er sich nicht vorschreiben lasse, was Schimpfwort sei und was nicht. Einen Monat später erteilte ihm Landtagsvizepräsidentin Mignon Schwenke (Linke) nachträglich einen Ordnungsruf. Gegen diese Maßnahme setzte sich Kramer vor dem Landesverfassungsgericht zur Wehr. Seiner Meinung nach verletze das Wort weder die Würde des Hauses, noch werde dadurch die Arbeitsfähigkeit des Parlaments gestört. Heute werde das Wort von einigen für unangebracht und respektlos gehalten, von anderen jedoch nicht. Es sei seiner Meinung nach durchaus möglich und legitim, das Wort in der hergebrachten Weise zu verwenden, ohne jemanden beleidigen zu wollen.

An dieser Stelle sei noch einmal darauf hingewiesen, dass Meinungsfreiheit nicht bedeutet, seine Meinung unwidersprochen äußern zu dürfen.[6] Dies bestätigte jüngst das Bundesverfassungsgericht in Karlsruhe. Während einer Betriebsratssitzung eines Unternehmens war es zu einer Auseinandersetzung gekommen, bei der ein Schwarzer Mitarbeiter mit Affenlauten diskriminiert wurde – offensichtlich eine beliebte rassistische Abwertung, mit der ja auch Saraya Gomis konfrontiert wurde. Daraufhin wurde dem Täter gekündigt. Er zog vor das Arbeitsgericht und verlor. Vom Landesarbeitsgericht wurde die richterliche Entscheidung in nächster Instanz bestätigt, also zog der Täter vor das Bundesverfassungsgericht. Zu Recht entschied auch das höchste unabhängige Verfassungsorgan der deutschen Justiz, dass rassistische Äußerungen nicht mehr von der Meinungsfreiheit gedeckt werden. Das Grundgesetz schütze nicht nur die Meinungsfreiheit, sondern auch gegen Rassismus. Einen Schwarzen Menschen als Affen zu adressieren sei »fundamental herabwürdigend« und demnach eine Verletzung der Menschenwürde.[7]

Obwohl (sprachlicher) Rassismus die Regeln einer demokratischen Debattenkultur verletzt, die auf der Unversehrtheit der Würde jedes:jeder Einzelnen basiert, gab das Landesverfassungsgericht von Mecklenburg-Vorpommern Kramer Recht. Zwar werde nach heutigem Sprachgebrauch das N-Wort in der Regel als abwertend verstanden, räumte das Gericht ein. Ob es tatsächlich so gemeint gewesen sei, könne jedoch nur aus dem Zusammenhang heraus beurteilt werden. Anstatt Kramer abzuurteilen, entschied der *weiße* Richter, dass der Ordnungsruf von Schwenke gegen die Landesverfassung verstieße. Damit habe die Landtagsvizepräsidentin das Rederecht des Antragsstellers verletzt. Als Begründung wurde herangezogen, dass Schwenke nicht näher zwischen Kramers verschiedenen Verwendungen des Wortes differenziert habe. Ihr Ordnungsruf habe auch die Äußerung erfasst, in der Kramer das N-Wort verwendet habe, um zu erklären, warum er der

Auffassung sei, dieses Wort verwenden zu dürfen. Die Würde des Hauses sei demnach nicht verletzt worden. Vielmehr habe Schwenke pauschal geurteilt.

Die Entscheidung des Gerichts ist ein klares Zeichen dafür, dass Rassismus in seiner strukturellen Dimension nicht verstanden und verhandelt wird und dementsprechend Recht bzw. Unrecht gesprochen wird. Stattdessen erfolgte, wie so häufig, eine Täter-Opfer-Umkehr, eine altbekannte Verteidigungsstrategie, bei der die Schuld für eine Straftat nicht bei dem:der Täter:in, sondern beim Opfer gesucht wird. Die Tatsache, dass Sprache eine aktive Form des Handelns ist, bei der auch Gewalt ausgeübt werden kann, scheint dem Gericht entgangen zu sein. Denn mit jeder Verwendung des Wortes werden rassistische Abwertungen aufgerufen – egal, wie es gemeint war. Auf diese Weise wird Rassismus nicht nur in, sondern auch durch Sprache hergestellt.

Die Assoziationskette, die Kramer (bewusst) herstellte (ging es in der Debatte doch um vermeintlichen Leistungsmissbrauch bei Asylbewerber:innen), wurde gar nicht erst in den Blick genommen. Stattdessen wurde ignoriert, dass das N-Wort in sich machtgeladen ist und eingesetzt wird, um Macht auszuüben. Dabei ist nicht entscheidend, ob eine Äußerung rassistisch gemeint ist oder nicht. Vielmehr muss die Sprachhandlung an sich als rassistische Handlung eingestuft werden, egal in welchem Kontext das Wort ausgesprochen wird oder ob Schwarze Menschen anwesend sind. Die Schwarze Psychologin Grada Kilomba sagt dazu:

> »Rassismus ist nicht biologisch, er funktioniert durch Diskurse, durch Worte und durch eine Reihe von Entsprechungen, welche Identitäten aufrechterhalten.«[8]

Wenn das N-Wort ausgesprochen wird, geht es nicht nur darum, Schwarze Menschen über vermeintliche Hautfarbe zu markieren, sondern es werden immer auch die negativen Eigenschaften aufgerufen, die bereits im 18. Jahrhundert strategisch dazu genutzt wurden, um *weiße* Herrschaft zu sichern. Demnach wurde Kramer durch die Entscheidung des Landgerichts als *weißer* Mann bestätigt und im Zentrum der Debatte platziert, von wo aus er Macht ausüben und eine koloniale Ordnung (wieder-)herstellen konnte. Ein Einfaches wäre es gewesen, kurz im Duden nachzuschlagen, der vielen als letzte Instanz in Sachen deutscher Sprache gilt. Dort wird das N-Wort als »stark diskriminierend« beschrieben, das zu vermeiden sei.[9]

Häufig beziehen sich Sprecher:innen aus Gewohnheit, und um verständlich zu sein, auf sprachliche Konventionen einer Gesellschaft, d.h. auf Ausdrucksformen, die vertraut sind und »natürlich« zu sein scheinen. In ihren sprachlichen Handlungen nehmen sie auf frühere sprachliche Handlungen Bezug, ohne diese zu hinterfragen. »Das haben wir immer schon so gesagt!« ist eine gängige Reaktion, wenn *weiße* Menschen auf ihre rassistische Wortwahl aufmerksam gemacht werden. Aber Gesellschaften wandeln sich, und damit wandelt sich auch Sprache. Und dies muss in der Rechtsprechung wie im Alltag berücksichtigt werden.

Um das N-Wort auch juristisch als rassistisch einstufen zu lassen, startete die Schwarze Studentin Charlotte Nzimiro eine Online-Petition[10] als Reaktion auf das richterliche (Fehl-)Urteil. Mittlerweile haben über 150 000 Menschen unterzeichnet und damit ein Signal gesetzt. Die Studentin übernimmt mit ihrer Initiative eine Rolle, die Wissenschaft und Justiz in Deutschland versäumt haben, und leistet nicht nur politische Bildungsarbeit, sondern auch historische Aufklärungsarbeit. Durch das Urteil werde die Würde von Schwarzen Menschen angegriffen und dem Rassismus mehr Spielraum und Entfaltungsmöglichkeiten gegeben, erklärt Nzimiro.[11]

Was eine fehlende offizielle Verurteilung der Verwendung rassistischer Begriffe ermöglicht, zeigte sich beispielhaft im September 2020: Solange es nicht unter Strafe stehe, sage er das N-Wort, erklärte Kabarettist Serdar Somuncu, nachdem er in einer dreistündigen Folge seines Podcasts rassistische und sexistische Hassreden schwang. Sein Kollege Florian Schroeder lachte dazu nur verlegen. Später entschuldigte sich Somuncu. Allerdings verteidigte er sich dabei und betonte, der Podcast bewege sich in einer vorher angekündigten »Grauzone«.[12]

In der öffentlichen Wahrnehmung wird die diskriminierende Wirkung von Sprache leider zu oft auf Schimpfwörter beschränkt. Dabei kommt sprachliche Diskriminierung weit häufiger vor, als es zunächst scheint. Auch das Nichtsprechen und Nichtbenennen bestimmter Dinge kann rassistisch aufgeladen sein, obwohl es im ersten Moment sehr passiv erscheint. Wenn z.B. *Weiß*sein und die damit verbundenen Privilegien nicht explizit benannt werden, dann ist dies eine (wenn auch oft unbewusste) rassistische Handlung. Denn die privilegierte Norm bleibt (sprachlich) unsichtbar und wird somit als Selbstverständlichkeit behandelt.[13] Es wird nicht wahrgenommen, dass Identitäten wie z.B. »*weiß*« und »deutsch« nicht schon immer einfach so da waren, sondern in der Konstruktion deutscher Identität mit den deutschen Kolonien Afrikas entstanden sind.[14] *Weiß*sein tritt durch seine Benennung aus der Nichtbeobachtung hervor und wird ab diesem Moment als Teil des rassistischen Systems sichtbar. Demnach üben Personen nicht nur durch das Gesagte, sondern auch durch das, was nicht gesagt wird, Rassismus aus. Es handelt sich beim Nichtsprechen also auch um eine aktive Sprachhandlung.

Während *Weiß*sein aus der Unsichtbarkeit geholt werden muss, um mit der Normalität Deutschlands brechen zu können, dürfen rassistische Begriffe wie das N-Wort nicht dazu eingesetzt werden, diese Normalität zu stärken. Mit der Forderung »N-Wort stoppen!« waren im Januar 2020 zahlreiche Menschen in Köln, Hamburg und anderen Städten auf die Straße gegangen, um zu erreichen, dass das N-Wort rechtlich als rassistisch eingestuft wird. Denn nur mit einem veränderten Sprachverhalten können sich Bedeutungen verschieben und Normalitätsvorstellungen herausgefordert werden, sodass mit strukturellem Rassismus gebrochen werden kann und Schwarze Realitäten in Deutschland »sprechbar« werden können.

Als Reaktion auf die Proteste entschied der Rat der Stadt Köln das N-Wort zu verbieten – zumindest in Köln. Fortan ist in der Stadt jede Verwendung des Begriffs als rassistisch einzustufen. Hier wird deutlich, dass die Gesellschaft sich selbst durchaus bindend dazu verpflichten kann, strukturellen Rassismus ernsthaft zu bekämpfen. Ferner wurde entschieden, dass die oben genannten Ziele der UN-Dekade für Menschen afrikanischer Herkunft von der Stadtverwaltung stärker umgesetzt werden, um Schwarzen Menschen »ein friedvolles und diskriminierungsfreies Leben in Köln zu ermöglichen«.[15] Dem Beschluss wurde einstimmig von allen Parteien zugestimmt, mit Ausnahme der AfD.

Aber dieser erfreuliche Beschluss ist leider nur ein Tropfen auf den heißen Stein. Wie der Fall der *taz*-Kolumnist:in Hengameh Yaghoobifarah zeigt, herrscht in Sachen sprachlicher Diskriminierung eine Doppelmoral. Yaghoobifarah hatte in ihrer* Kolumne vom 15. Juni 2020 »Abschaffung der Polizei – All cops are berufsunfähig« Überlegungen angestellt, wo Polizist:innen arbeiten könnten, wenn der Forderung der BLM-Bewegung nachgekommen und die Polizei abgeschafft werden würde. Yaghoobifarah kommt in ihrem satirischen Text zu dem Schluss, dass es nur eine geeignete Option gebe: die Mülldeponie.

> »Nicht als Müllmenschen mit Schlüsseln zu Häusern, sondern auf der Halde, wo sie wirklich nur von Abfall umgeben sind. Unter ihresgleichen fühlen sie sich bestimmt auch selber am wohlsten.«[16]

Die Schlussfolgerung der Autor:in, bei der sie* Polizist:innen mit Abfall vergleicht, sorgte vonseiten der Politik, der Polizei, aber auch von Rassist:innen und Rechtsextremist:innen für Empörung. Nach Seehofers Erklärung sei die Wortwahl der Kolumnist:in menschenverachtend und entwürdigend und erfülle daher den Straftatbestand der Volksverhetzung.[17] Darüber hinaus suggerierte Seehofer einen Zusammenhang zwischen der Kolumne und den Ausschreitungen in Stuttgart, bei der eine Woche zuvor Polizist:innen bei der Ausübung ihres Diensts angegriffen worden waren. Der Bundesinnenminister kündigte eine Strafanzeige an, ruderte aber wenig später zurück, offenbar nach heftiger Kritik von seiner Chefin, Bundeskanzlerin Merkel. Tatsächlich sieht die Berliner Staatsanwaltschaft, die eine Vorprüfung des Falls durchgeführt hatte, im Widerspruch zu Seehofer keinen Verdacht auf einen Straftatbestand, nicht auf Volksverhetzung und auch nicht auf Beleidigung.[18] Autor und Journalist Mohamed Amjahid hatte sich mit prominenter Unterstützung in einem offenen Brief an Kanzlerin Merkel gegen die Strafanzeige Seehofers eingesetzt. Seiner Meinung nach verstoße Seehofer nicht nur gegen die Pressefreiheit, sondern verhalte sich darüber hinaus auch undemokratisch (um an dieser Stelle nicht rassistisch zu sagen):

> »Wir möchten in Deutschland eine kritische, breite und faire Debatte über Rassismus, über Polizeigewalt und Machtmissbrauch führen. Was durch die Strafanzeige gegen Hengameh Yaghoobifarah

> passiert, ist eine politische Stimmungsmache gegen das Antidiskriminierungsgesetz in Berlin, wodurch Betroffene von Diskriminierung durch die Polizei seit Neuestem auf Schadensersatz klagen dürfen. Das eigentliche Thema worüber nämlich gerade weltweit gesprochen wird und worüber wir auch in Deutschland sprechen müssen, heißt rassistische Polizeigewalt.«[19]

Wenn wir die Diskussion um diesen Fall im Kontext der Debatte um die Verwendung des N-Wortes betrachten, zeigt sich eine deutliche Doppelmoral: Polizist:innen und Müll in einer satirischen Kolumne nebeneinanderzustellen, gilt als menschenverachtend, Schwarze mit dem N-Wort zu bezeichnen hingegen nicht.

Kapitel 5:
Rassismus und Polizei

Der institutionelle Rassismus in Deutschland reicht weit über den in Kapitel drei beschriebenen Rassismus der Bildungsinstitutionen hinaus. Auch die Polizei und ihre rassistisch-institutionalisierten Praxen und Strukturen müssen in den Blick genommen werden. Das Wissen über institutionellen Rassismus bei der Polizei muss dabei in erster Linie von jenen Personen vermittelt werden, die direkt davon betroffen sind. Ihre Erfahrungsberichte gaben 2003 in Berlin den Anlass für die Gründung der Kampagne für Opfer rassistischer Polizeigewalt (KOP), einer Nichtregierungsorganisation, die sich im Kampf gegen institutionellen Rassismus bei der Polizei mit den Betroffenen solidarisiert.[1] Zudem verweist Vanessa Thompson 2018 darauf, dass seit Jahren eine Theoretisierung dieser Erfahrungen erfolgt ist und dieses Wissen bereits in allen möglichen Archiven zu finden ist und dem dominanten Narrativen über Polizeigewalt einiges entgegensetzt.[2]

Aus den Berichten Schwarzer Menschen und People of Color wird deutlich, dass sie aufgrund ihrer optischen Erscheinung stets damit rechnen müssen, von der Polizei angehalten und kontrolliert zu werden – was als Racial Profiling bezeichnet wird –, während *weiße* Menschen nie aufgrund ihrer Hautfarbe in Verdacht geraten, illegal oder kriminell zu sein. Die dafür verantwortlichen rassistischen Stereotype wurden aus der Kolonialzeit in die Gegenwart transportiert. Über kolonialrassistische Körperkonstruktionen wurden bestimmten Körpermerkmalen wie Hautfarbe negative Eigenschaften zugeschrieben. Bis heute sind Schwarze Körper nicht nur rein physische Körper, sondern werden immer auch als politische und kulturelle Körper gesehen, auf deren Oberfläche schon viele historische Unterwerfungen eingeschrieben wurden.[3] *Weiße* Körper hingegen genießen eine vermeintlich natürliche Neutralität[4] und erscheinen dadurch weniger bedrohlich. Dies macht deutlich, wie Rassismus nicht nur sprachlich, sondern auch visuell aufgerufen werden kann.[5] Darüber hinaus hat die Polizei v.a. auch die Aufgabe, Besitzstrukturen zu erhalten, die ebenso kolonial informiert sind. Dabei wird »Migration« als kolonial geprägtes Konzept angenommen, mit dem die marginalisierte Bevölkerung kontrolliert wird.[6]

Schwarze Menschen berichten auch immer wieder von Fällen rassistischer Polizeigewalt. Der bekannteste Fall ist wohl der Tod von Oury Jalloh, der am 7. Januar 2005 in einer Polizeizelle in Dessau starb.[7] Diesem Fall wurde allerdings von der Politik und den Medien längst nicht so viel Aufmerksamkeit geschenkt wie dem oben beschriebenen Fall von Hengameh Yaghoobifarahs Text. Noch ist unklar, wie Oury Jalloh starb. Fixiert auf einer Schaumstoffmatratze in einer gefliesten Zelle in einem Polizeirevier in Dessau, soll sich der 36-jährige Afrikaner selbst angezündet haben. Dabei soll er – an Armen und Beinen gefesselt – auf wundersame Weise ein Feuerzeug aus der Hosentasche geholt und seine feuerfeste Matratze angezündet haben. Doch die These der »Selbstanzündung« ist nicht haltbar. Auch ist noch unklar, ob er schon tot war, bevor er verbrannt wurde. Recherchen zeigen, dass er kein Adrenalin ausgeschüttet hatte, was beim Verbrennungstod der Fall gewesen wäre.

Verhaftet wurde Jalloh nach einem Discobesuch am frühen Morgen in der Dessauer Innenstadt. Er hatte auf dem Weg nach Hause zwei *weiße* Frauen*, Mitarbeiterinnen der Stadtreinigung, angesprochen und sie gebeten, ihm ein Handy zu leihen. Jalloh war stark alkoholisiert. Es gibt allerdings keine Erkenntnisse darüber, ob er die Frauen* bedroht habe. Aus ihrer rassistischen Sozialisation heraus bekamen sie »Angst vorm Schwarzen Mann« und riefen die Polizei. Obwohl Jalloh Ausweisdokumente dabeihatte, wurde er in Gewahrsam genommen. Die Gründe dafür sind unklar. Nach der Darstellung der Polizei habe Jalloh sich geweigert, seine Ausweispapiere vorzuzeigen, worauf er festgenommen wurde, aus späteren Gutachten geht allerdings hervor, dass Jalloh sich durchaus ausweisen konnte.

Wenige Stunden nach seiner Verhaftung verbrannte Jalloh in seiner Zelle. Der Fall bleibt bis heute unaufgeklärt und ist von Widersprüchen und Verfahrensfehlern geprägt. Die verantwortlichen Polizeibeamt:innen, die teilweise schon zu DDR-Zeiten gedient haben, behaupten, sie hätten – auch fünfzehn Jahre nach der

Wiedervereinigung – nicht gewusst, dass es verboten ist, einen Inhaftierten ohne einen richterlichen Beschluss in Gewahrsam zu halten und zu fixieren. Sie können nicht erklären, wie eine feuerfeste Matratze anfangen konnte zu brennen. Im Zuge der Ermittlungen taucht ein Feuerzeug auf, das angeblich unter der Leiche gefunden worden ist. Es wird in Richtung Selbstmord ermittelt: Oury Jalloh soll sich selbst angezündet haben.

Schon die polizeiliche Darstellung der Ereignisse weist auf ein höchst fahrlässiges Verhalten seitens der verantwortlichen Polizist:innen hin. So sei der durch das Feuer in Jallohs Zelle ausgelöste Alarm ignoriert worden. Erst nach Aufforderung seiner Kollegin soll sich der dienstleitende Beamte Andreas S. auf den Weg zu Jalloh gemacht haben. Was dort geschah, kann nicht nachvollzogen werden, denn in der Zelle gibt es keine Überwachungskameras. Auch die Kamera im Flur lieferte keine Bilder von der Tatzeit. Zudem soll die installierte Gesprächsanlage leise gedreht worden sein. Als die Feuerwehr endlich eintraf und nach zwanzig Minuten die Flammen löschte, blieb nur der verbrannte Körper Jallohs zurück. Angeklagt wurden zwei Beamte: Andreas S., der den Alarm ignoriert hat, und Hans-Ulrich M., der das Feuerzeug bei der Durchsuchung übersehen haben soll. Doch beide wurden 2008 in erster Instanz freigesprochen. Der Bundesgerichtshof (BGH) hob allerdings das erste Urteil wegen lückenhafter Beweisführung auf. Es kam 2012 zum zweiten Prozess, bei dem der Dienstgruppenleiter Andreas S. wegen fahrlässiger Tötung zu einer Geldstrafe von 10 800 Euro verurteilt wurde.

Doch mit diesem Urteil gab sich die Initiative in Gedenken an Oury Jalloh[8] nicht zufrieden, da die Brand- und die Todesursache weiterhin ungeklärt waren. Neue Untersuchungsergebnisse zeigten, dass die Reste des gefundenen Feuerzeugs nicht am Tatort gelegen haben können. Auch sind keine DNA-Spuren von Jalloh darauf zu finden. Damit wurde die Selbstmordtheorie entkräftet. Die Nebenklage, die Staatsanwaltschaft und die Verteidigung legten Revision ein, und 2013 wurde ein Ermittlungsverfahren wegen Mordes eröffnet. Die Initiative in Gedenken an Oury Jalloh sammelte Spendengelder und beauftragte ein Alternativgutachten. Dabei kam zutage, dass ein Brandbeschleuniger im Einsatz gewesen sein muss. Ein Resultat, das früheren Gutachten widerspricht.

Weitere Ergebnisse lassen vermuten, dass Jalloh bewusstlos war, als das Feuer ausbrach. Über den Grund dafür kann nur spekuliert werden. Fakt ist, dass Jalloh eine gebrochene Nase hatte, wie im Rahmen einer späteren gerichtsmedizinischen Untersuchung festgestellt werden konnte. Zusätzlich wurden ein Schädelbasisbruch und gebrochene Rippen diagnostiziert. Gutachten der Staatsanwaltschaft hatten diese Verletzungen nicht gezeigt. Schon drei Jahre zuvor hatte der Obdachlose Mario Bichtemann in derselben Polizeizelle einen Schädelbasisbruch erlitten.[9] Und auch der Todesfall von dem Arbeitslosen Hans-Jürgen Rose, der 1997 nach seiner Festnahme durch die Dessauer Polizei auf mysteriöse Weise zu Tode kam, bleibt ungeklärt. In allen drei Fällen war der angeklagte Andreas S. der zuständige Dienststellenleiter. Und in allen drei Fällen sind Menschen aus marginalisierten Gruppen Opfer der Polizeigewalt geworden. Aus diesem Grund spricht die Initiative von einem »Oury-Jalloh-Komplex«.

In diesem Zusammenhang verwirft der Dessauer Oberstaatsanwalt und Chefermittler Folker Bittmann schließlich die Selbstmordthese und geht nun von einer Vertuschungstat aus:

> »Bei einer Zellenkontrolle am 7.1.2005 könnten Polizeibeamte auf die Ohnmacht Oury Jallohs aufmerksam und sich daraufhin bewusst geworden sein, dass schwere Verletzungen oder gar das Versterben eines weiteren Häftlings neuerliche Untersuchungen auslösen würden.«[10]

Dieser These folgend bat Bittmann um Übernahme der Mordermittlungen durch die Bundesanwaltschaft. Doch diese lehnte weitere Mordermittlungen ab. Der Fall wurde Bittmann entzogen und an die Staatsanwaltschaft Halle übergeben. Diese verfolgte die These allerdings nicht, sondern stellte das Verfahren im Oktober 2017 ein, da eine weitere Aufklärung nicht zu erwarten sei.[11] Die Anwält:innen der Familie von Oury Jalloh legten Beschwerde ein, und bei der Generalstaatsanwaltschaft Naumburg wurde Anzeige wegen Mordes bzw. wegen Mordverdachts und Brandstiftung mit Todesfolge erstattet.

Die Generalstaatsanwaltschaft Naumburg kam jedoch trotz Gegenbeweisen ebenfalls zu dem Schluss, dass Oury Jalloh sich selbst angezündet haben müsse. Noch einmal wurde von der Verteidigung Strafanzeige wegen Mordes erstattet und im November 2019 eine Verfassungsbeschwerde beim Bundesverfassungsgericht in Karlsruhe eingelegt. Auch wurde gefordert, unabhängige Ermittlungen durchzuführen. Bis heute ist keine Entscheidung gefallen. Der Abschlussbericht der Sonderberater des Landtags von Sachsen-Anhalt verweist erneut darauf, dass eine unabhängige Aufklärung des Falls dringend notwendig und unumgänglich ist.[12] Auf der jährlich stattfindenden Demonstration für die Aufklärung des Mordes an Oury Jalloh versprach die Anwältin der Familie, Beate Böhler, am 7. Januar 2021: Sollte der Fall nicht vom Bundesverfassungsgericht angenommen werden, ginge es im nächsten Schritt zum Europäischen Gerichtshof für Menschenrechte. Außerdem solle Schadensersatz für die Hinterbliebenen geltend gemacht werden.

Die Internationale Unabhängige Kommission zur Aufklärung des Todes von Oury Jalloh, die sich auf Aufforderung der Vereinten Nationen im Jahr 2018 gegründet hat, untersucht zurzeit den Fall und plant, 2021 ihren Bericht zu veröffentlichen.[13] Bereits davor waren viele Mitglieder der Kommission, bestehend aus eine Gruppe von Anwält:innen, Wissenschaftler:innen und Menschenrechtsaktivist:innen aus ganz Europa, als Prozessbeobachter:innen in den Fall involviert. Neben den unabhängigen Gutachter:innen, die immer wieder hinzugezogen wurden, ist die Kommission eine wichtige Instanz in diesem Fall. Denn es ist der Wahrheitsfindung nicht zuträglich, wenn die Polizei gegen sich selbst Ermittlungen durchführt.

Der Fall Oury Jallohs zeigt, dass der Aufruf »Defund the Police!«, eine Forderung, die aus den Schwarzen Kämpfen gegen Versklavung stammt, auch in Deutschland seine Berechtigung hat. Eine sinngemäße Übersetzung lautet, »der Polizei ihre finanziellen Mittel entziehen«. Es geht dabei nicht ausschließlich um die Abschaffung der Polizei, sondern insgesamt um die Neuordnung der Gesellschaft. Die Idee basiert auf der Annahme, dass die Polizei eine Institution ist, die einem rassistischen, sexistischen und kapitalistischen Systems dient, in dem besonders Schwarze Menschen, People of Color und Arme kriminalisiert werden. Die Polizei kann daher keine gerechtigkeitsbringende Institution sein, und das war sie aus Schwarzer Perspektive auch nie, weil sie die Machtherrschaft vertritt.[14]

Im Fall von Oury Jalloh und der mangelhaften Aufklärung wird dies auch für die deutsche Polizei und das deutsche Justizsystem deutlich, denn die Aufklärung des Falls wird strukturell verhindert. Bislang fehlt jeder Beweis für die Selbsttötungstheorie der Ermittlungsbehörden. Stattdessen erhärtet sich der Verdacht, v.a. durch die unabhängigen Ermittlungen, dass Jalloh auf brutalste Weise von der Dessauer Polizei ermordet wurde. Kritische Theorien der Polizei weisen immer wieder darauf hin, dass die Beziehung von Schwarzsein und Polizei eine gewaltvolle ist und es daher mehr als eine Reform der Polizei geben muss. Der Professor für Recht und Anthropologie Eddie Bruce-Jones bietet auf der Grundlage des Falls eine kritische Rechtsanalyse des institutionellen Rassismus, die 2016 veröffentlicht wurde. Als Schwarzer Experte stellt Bruce-Jones Verbindungen zwischen zeitgenössischen Rechtswissenspraktiken und kolonialen Denksystemen her und argumentiert, dass viele Schwarze Menschen das Gesetz als Teil des Problems sehen und nicht als Teil der Lösung. Sein Fazit: Gesetze stärken eher den Rassismus, als davor zu schützen.[15]

Der Fall Oury Jalloh ist komplex, aber kein Einzelfall. Am selben Tag, an dem Oury Jalloh starb, kam etwa Laye-Alama Condé im norddeutschen Bremen durch einen sogenannten Brechmitteleinsatz in Polizeigewahrsam ums Leben. Verurteilt wurde in diesem Fall weder der handelnde Arzt noch die Polizei. Das Land Bremen stoppte nach dem Todesfall den zwangsweisen Einsatz von Brechmitteln gegen mutmaßliche Drogenhändler:innen und handelt nun konsequent gegen diese rassistische Polizeipraxis. Im Dezember 2020 hat die Bremer Bürger:innenschaft beschlossen, dass es einen Gedenkort für Condé geben soll, damit sein Tod nicht aus dem öffentlichen und politischen Gedächtnis der Stadt verschwindet.[16] Im Fall Oury Jalloh ist noch lange kein Ende in Sicht.

Was beide Fälle aber gemeinsam haben, ist die Tatsache, dass sowohl Jalloh als auch Condé unter Generalverdacht standen. Sie waren bereits verdächtig aus dem bloßen Grund ihrer äußeren Erscheinung. Ihre Schwarze Männlichkeit wurde, wie auch im Fall von George Floyd, als kriminelle Gefahr gewertet. Somit wurde beide Male auf Basis dieser sozialen Konstruktion Racial Profiling durchgeführt, was die Strukturierung und Institutionalisierung von Rassismus in beiden Fällen besonders deutlich werden lässt.

Mit dem Berliner Landesantidiskriminierungsgesetz (LADG) werden zwar seit Sommer 2020 Klagen wegen institutionellem Rassismus, v.a. bei der Polizei, vereinfacht, wie bereits in Kapitel zwei skizziert. Dennoch gibt es »offiziell« kein Racial Profiling in der Bundesrepublik Deutschland, wenn wir der Bundesregierung Glauben schenken sollen. In einer kleinen Anfrage zum Thema »Bekämpfung von Rassismus bei der Polizei« fragten Abgeordnete schon 2008 u.a. nach der alltäglichen Polizeipraxis. Die Antwort der Bundesregierung lautete:

> »Der Begriff des ›racial profiling‹ ist aus den USA bekannt. [...] In der Bundesrepublik Deutschland verbietet sich eine solche Vorgehensweise schon auf Grund des Grundgesetzes und des rechtsstaatlichen Systems. Daher bedienen sich weder das Bundeskriminalamt (BKA) noch die Bundespolizei eines solchen Instruments.«[17]

Das Gegenteil wurde nach der »Krawallnacht von Stuttgart« am 21. Juni 2020 deutlich, als der zuständige Polizeipräsident Frank Lutz in seiner Rede mit akribischer Genauigkeit den vermeintlichen Migrationshintergrund der Tatverdächtigen aufzählte.[18] Etwa fünfhundert Menschen, überwiegend junge Männer, waren in die Stuttgarter Innenstadt gezogen und hatten dort randaliert. Auslöser soll die Polizeikontrolle eines 17-jährigen Deutschen gewesen sein, der unter Verdacht stand, Drogen zu besitzen.

Polizeipräsident Lutz nannte neben Alkohol auch

Respektlosigkeit gegenüber der Polizei als einen Grund für die Gewalttaten und richtete eine vierzigköpfige Ermittlungsgruppe ein. Sehr schnell wurde nach dem »Migrationshintergrund« der Tatverdächtigten gefragt. Dabei wurde der Blick von der eigenen Gewalt weggelenkt, die verarmte Schwarze Jugendliche und Jugendliche of Color durch Polizei und andere Repression im Alltag erfahren.

In den Medien wurde daraufhin eine Debatte ausgelöst, bei der die Polizei der »Stammbaumforschung« bezichtigt wurde.[19] Ihr wurde vorgeworfen, soziale, historische und kulturelle Zusammenhänge zur Tat herstellen zu wollen – zu Recht! Der Fall zeigt, wie schnell »Hautfarbe« und »Herkunft« zu generellen Verdachtsmerkmalen erhoben werden können und Menschen mit einem vermeintlichen »Migrationshintergrund« eine Gewaltbereitschaft zugeschrieben werden kann.

Als die SPD-Vorsitzende Saskia Esken im Zuge der BLM-Demonstrationen der deutschen Polizei im Juni 2020 einen »latenten Rassismus«[20] unterstellte, war das Thema erneut im deutschen Bundestag angekommen. Während Bundeskanzlerin Angela Merkel sich relativ bedeckt hielt, geriet der Bundesinnenminister Horst Seehofer zunehmend unter Druck. Die von BLM geforderte Untersuchung zu Racial Profiling bei der Polizei lehnte er mit der Begründung ab, Racial Profiling sei ja in Deutschland verboten.[21] Stattdessen versuchte er, die Polizei in Schutz zu nehmen und als Opfer darzustellen. Mit Blick auf den aktuellen Rechtsextremismusskandal bei der Polizei in Nordrhein-Westfalen ist das allerdings wenig überzeugend. Hier werden gegen dreißig Polizist:innen, überwiegend aus Essen, Vorwürfe wegen Rechtsextremismus erhoben. Bereits in den vorherigen Monaten waren in anderen Bundesländern Rechtsextremismus- und Rassismusvorwürfe gegen Polizist:innen aufgekommen. Der sogenannte NSU 2.0 läuft seit Jahren im Untergrund, Spuren führen zur hessischen Polizei.[22]

Dennoch blieb Seehofer bei seinem Kurs. Seiner Meinung nach gebe es einfach keinen strukturellen Rassismus bei der Polizei. Zwischenzeitlich kamen aber immer neue Fälle von Rassismus innerhalb staatlicher Behörden ans Licht: In Berlin trafen sich LKA-Beamt:innen mit Neonazis in einer Szenekneipe. In einer Chatgruppe tauschten Berliner Polizist:innen über Jahre rassistische Nachrichten und Hetze aus. Die seit Jahren andauernde neonazistische Anschlagsserie in Berlin-Neukölln ist weiterhin unaufgeklärt. Zwei Staatsanwälte, die dazu ermitteln sollten, wurden schließlich versetzt, nachdem ihre rechte Gesinnung bekannt wurde.

Beim strukturellen Rassismus geht es aber nicht nur um die Frage, ob sich einzelne Rassist:innen bei der deutschen Polizei tummeln. Das ist zwar hochproblematisch, aber nicht entscheidend, um institutionellen Rassismus bei der Polizei zu begreifen. In den Blick genommen werden müssen neben dem Verhalten einzelner Polizist:innen auch die Strukturen wie Polizeipraxen, Gesetze etc., aber auch jene Polizist:innen, die glauben, nicht rassistisch zu sein, aber unbewusst rassistisch denken und handeln. Denn Rassismus ist ein gesellschaftliches Phänomen, das jedes Individuum im Laufe seiner Sozialisation internalisiert hat.

Über die Jahrhunderte ist die Polizei zu einer Institution herangewachsen, bei der es öffentlicher Konsens zu sein scheint, dass Schwarze Menschen durch sie Nachteile erleiden. Deutlich wurde die Problematik in einem zweiten Video, das wenige Tage vor dem Tod von George Floyd viral ging. Amy Cooper, eine *weiße* Frau*, wird im Central Park in New York von dem Vogelbeobachter Christian Cooper dazu angehalten, ihren Hund anzuleinen. Anstatt seiner höflichen Bitte und der allgemeinen Parkordnung nachzukommen, ruft sie die Polizei an und meldet, nun plötzlich mit großer Panik in der Stimme, dass sie von einem Schwarzen Mann bedroht werde. Ihre Performance ist bühnenreif. Rassistische Anschuldigungen *weißer* Frauen* gegenüber Schwarzen Männern haben eine lange Tradition und führen, wie etwa im Fall von Oury Jalloh, zum Tod der Betroffenen. Die Geschichte von Emmett Till ist wohl das bekannteste Beispiel einer solchen Anschuldigung: 1955 wird der 14-jährige Junge entführt, gefoltert und durch einen Kopfschuss getötet. Sein Körper wird anschließend mit Stacheldraht an ein Baumwollfass gebunden und in den Tallahatchie River geworfen. Der Grund: Er soll einer *weißen* Frau* nachgepfiffen haben. Jahrzehnte später gibt die Frau*, Carolyn Bryant Donham, zu, dass sie gelogen hat. Doch trotzdem hatte ihre Handlung für sie keine Konsequenzen. Auch Amy Cooper versuchte zu lügen. Sie wusste wohl genau, was sie tat, hatte sie den strukturellen Rassismus doch verinnerlicht. Aber im Gegensatz zu Carolyn Bryant Donham wurde sie dabei gefilmt.

Der Fall von Amy Cooper offenbart die Kehrseite rassistischer Unterdrückung, nämlich *weiße* Vorherrschaft. Denn obwohl sie es war, die die Regeln gebrochen hatte, wusste Amy Cooper ihr gesellschaftliches Privileg als *weiße* Frau* zum Überspielen ihrer Ordnungswidrigkeit einzusetzen und gefährdete damit das Leben Christian Coopers. Es steht zu vermuten, dass sie versuchte, die bei der Polizei verankerte rassistische Vorstellung, der Schwarze Mann sei eine Gefahr, zu ihrem Vorteil zu nutzen, um von ihrem eigenen Fehlverhalten abzulenken. Auf der individuellen Ebene verhielt sich Amy Cooper rassistisch in dem Versuch, den Schwarzen Mann grundlos anzuzeigen, doch sie nutze dabei den strukturellen Rassismus, der der Gesellschaft die Vorstellung einprogrammiert hat, dass Schwarze Männlichkeit Gefahr bedeute.

Die Fälle von George Floyd und Amy Cooper geschahen am selben Tag und gingen im Sommer 2020 fast zeitgleich durch die Medien – weltweit. Bewusst oder unbewusst wurden auch die deutschen Zuschauer:innen Zeug:innen davon, wie struktureller Rassismus funktioniert und wirkt. Zudem wurde die volle Brutalität der Polizeigewalt sichtbar: 8 Minuten und 46 Sekunden lang kniete ein Polizist auf dem Hals von George Floyd, würgte ihm die Luft ab und nahm ihm so das Leben. Sein letztes Wort konnte George Floyd nur noch hauchen: »Mama.«

Rassismus ist ein strukturelles Problem!

Nach dem Sommer 2020 sollte eines klar geworden sein: Rassismus ist ein strukturelles Phänomen, das im schlimmsten Fall tötet. Nicht nur in den USA, sondern auch in Deutschland hat er sich über Jahrhunderte in alle gesellschaftlichen Bereiche eingeschrieben und Machtverhältnisse hervorgebracht. Diese Machtverhältnisse gehen mit Privilegierungen oder Deprivilegierungen einher und schaffen Zugänge oder Ausschlüsse.

Als spezifische Diskriminierungsform besteht Rassismus gleichzeitig aus rassistischer Unterdrückung und *weißer* Vorherrschaft. Es ist daher wichtig, den Fokus nicht nur auf die Betroffenen zu richten, sondern auch die Position der Täter:innen in den Blick zu nehmen. Es gibt kein neutrales Außen von Rassismus – jede Person und jede Institution ist davon berührt. Demnach ist Rassismus nicht nur eine aktive Handlung, die sich in Form von rassistischen Zuschreibungen zeigt, sondern auch fest in den Denkmustern unserer Gesellschaft eingeschrieben. Wenn wir eine gleichberechtigte und rassismusfreie Gesellschaft erreichen wollen und diese Vorstellung keine Utopie bleiben soll, dürfen wir nicht nur nach den individuellen Auswirkungen von

Rassismus fragen, sondern müssen unbedingt auf die gesellschaftlichen Strukturen schauen, die Schwarze Menschen ausschließen und benachteiligen – bzw. *weiße* Menschen bevorzugen.

Es ist dabei insbesondere wichtig, den Blick auf die Strukturen innerhalb so zentraler Institutionen wie der Schule, den Universitäten und der Polizei zu richten, denn an diesen Orten wird darüber entschieden, wer auf welche Weise am gesellschaftlichen Leben teilnehmen kann. Gleiches gilt für die Strukturen unserer Sprache, die ebenso normgebend sind. Wie wir über Menschen sprechen, beeinflusst maßgeblich, wie wir sie sehen und wie wir uns ihnen gegenüber verhalten. Gleichzeitig ist es wichtig, Dinge beim Namen zu nennen. Denn wenn wir keine Worte für etwas haben, können wir es nicht erkennen und bekämpfen.

Um Rassismus in seiner vollen Komplexität zu verstehen, müssen wir aber auch unseren historischen Schmerz überwinden und in die Kolonialzeit zurückblicken. Dort können wir die Ursachen erforschen und eine »Wurzelbehandlung« machen. Denn nur, indem wir in die tiefen Abgründe deutscher Kolonialgeschichte eintauchen und die dort verankerten rassistischen Denkmuster und Handlungspraxen analysieren, werden wir es schaffen, die rassische Wende zu vollziehen, Rassismus in seiner vollen Strukturiertheit zu dekonstruieren und Deutschland von seiner »rassischen Entzündung« zu heilen. Hierzu ist es unerlässlich, dass wir Schwarzen Wissensfindungen die notwendige politische und wissenschaftliche Relevanz zusprechen. Ohne Schwarzes Wissen und Schwarze

Wissensproduktion wird es nicht möglich sein, Rassismus zu überwinden.

Symbolpolitische Überlegungen wie »Rasse« aus dem Grundgesetz zu streichen, führen ins Leere. Anstatt ergebnisorientiert an die Sache heranzugehen, müssen wir anfangen, prozessorientiert zu denken. Denn Rassismus wurde über Jahrhunderte verfestigt, und es wird ebenso lange dauern, ihn abzubauen. Und nachdem die christliche Farbsymbolik (schwarz = böse, weiß = rein) auf Menschen übertragen und auf Haut eingeschrieben wurde, um die Missionierung und damit einhergehend die Kolonialisierung Afrikas zu rechtfertigen, tragen auch die Kirchen und christlichen Organisationen – allen voran die politischen Geschwisterparteien CDU und CSU – im Dekolonialisierungsprozess eine große Verantwortung. Worauf warten sie? Eine Einladung dazu wird es nicht geben.

Rassismus steht auf derselben strukturellen Ebene wie das Patriarchat – ein Indiz dafür, dass wir sowohl das Konzept Gender als auch das von Race sowie die Überschneidung dieser Kategorien zum Abbau von Rassismus benötigen. Und ebenso wenig wie Frauen* Männer hassen, hassen Schwarze Personen *weiße* Personen. Solange aber Rassismus nur auf der individuellen und nicht auf der strukturellen Ebene gesucht und untersucht wird, ist der gesellschaftliche Zusammenhalt gefährdet und es können keine Strukturveränderungen erfolgen. Der erste Schritt auf dem Weg, diese Dynamik und unsere Gesellschaft zu verändern, liegt darin, das Problem beim Namen zu nennen und sich jeden Tag, an jedem Ort gegen Rassismus auszusprechen.

Ich werde häufig gefragt, was gegen Rassismus getan werden kann. Ich glaube, dass es wichtig ist, dass jede Person bei sich selbst anfängt: Wo sind deine Privilegien? In welcher Form hast du selbst den Rassismus internalisiert? Überprüfe deine eigenen Sehgewohnheiten, Denkmuster und Handlungsmechanismen. Nur in dem wir bei uns selbst anfangen und lernen, unangenehme Dinge anzusprechen – und dazu gehört auch, »Rasse« und die dazugehörige Geschichte als wichtigen Teil deutscher Geschichte anzuerkennen –, werden wir es schaffen, das dritte Jahrtausend zu einem besseren Zeitalter zu machen – für alle!

Quellen und Anmerkungen

Einleitung

1 »Schwarz« ist eine Selbstbezeichnung, die parallel zu »Afrodeutsch« Mitte der 1980er-Jahre in Deutschland entstanden ist, um sämtliche rassistischen Fremdbezeichnungen abzulösen. Der Begriff markiert die sozialpolitische Position und die soziale Realität von Personen und Personengruppen, die ihre Wurzeln in Afrika haben, aber in der afrikanischen Diaspora geboren sind und/oder sozialisiert wurden. Die Selbstbezeichnung wird stets mit einem großen »S« geschrieben, auch in der adjektivischen Verwendung, um mit der biologischen Vorstellung von »Rasse« zu brechen, die mit (Haut-)Farbe einhergeht. Der Begriff People of Color (PoC) ist ein Sammelbegriff, der alle Personen und Gruppen einschließt, die von Rassismen betroffen sind. Der Begriff *»weiß«* bezeichnet eine historisch unmarkierte Position, die mit Privilegien ausgestattet ist und die unsichtbar herrschende Norm in Deutschland darstellt. Durch die Benennung dieser Position werden die rassistischen Strukturen und Machtverhältnisse der Gesellschaft sichtbar. Im Gegensatz zu »Schwarz« wird der Begriff im Schriftbild kursiv gesetzt, da es sich um keine Selbstbezeichnung handelt (Piesche/Arndt 2011).

2 Eggers et al., 2005

3 Der Slogan »Black Lives Matter« impliziert nicht, dass ausschließlich Schwarze Leben zählen und andere Leben nicht, wie viele der Kritiker:innen meinen, sondern dass

Schwarzem Leben momentan weniger Wert zugestanden wird und der Fokus deshalb auf Schwarze Leben gerichtet werden muss. Zum Ausdruck gebracht werden sollen die Ungerechtigkeiten, die Schwarze Menschen aufgrund von Rassismus erleben. Wer darauf mit »All Lives Matter« antwortet, suggeriert, dass das Problem schon überwunden wäre und alle Menschen gleichbehandelt werden würden – und hat damit das Phänomen des strukturellen Rassismus nicht verstanden.

4 Der Comedian Aamer Rahman beschreibt mit viel Humor, warum es keinen Rassismus gegen *weiße* Menschen gibt. Dieser wird häufig als »Reversed Racism« bezeichnet, ein Phänomen, das nicht existiert. Aamer Rahman: Reverse Racism, 28.11.2013. URL: https://www.youtube.com/watch?v=dw_mRaIHb-M

5 Crenshaw, 1989

6 Der Asterisk (*) wird in diesem Buch als Platzhalter für Genderidentitäten verwendet, die sich jenseits von Geschlechternormen bewegen. Damit wird angezeigt, dass auch trans, inter, queere, nicht-binäre und andere femmenahe Selbstbezeichnungen miteinbezogen werden. Bei der Erwähnung von Mann oder Männern verzichte ich bewusst auf den Asterisk, da es sich nachfolgend immer um die Darstellung einer machthabenden politischen Instanz handelt, anhand derer ich die verschiedenen Formen der Unterdrückung inhaltlich und sprachlich deutlich mache.

7 Kelly, 2019

8 Im Unterschied zu trans bezeichnet das Adjektiv cis die Übereinstimmung von Geschlechtsidentität mit dem Geschlecht, das einem Menschen bei Geburt zugewiesen wird. Geschlechtsidentität ist von sexueller Identität zu unterscheiden.

9 Für eine umfangreiche juristische Betrachtung von Rassismus siehe Barskanmaz, 2019.

1 Grosfoguel, 2008
2 Kelly, 2016
3 Eine Distanzierung zur Bemalung des Bismarck-Denkmals sowie eine Beschreibung der Organisationsfunktion und -struktur sind auf der Homepage zu finden: https://decolonize-berlin.de
4 Das Wissenschaftsteam Diversifying Matters, eine Fachgruppe der Schwarzen Feministischen Selbstorganisation Generation Adefra, Schwarze Frauen* in Deutschland e.V., war im Auftrag der Berliner Landesstelle für Gleichbehandlung – gegen Diskriminierung mit dem Konsultationsprozess sowie dessen wissenschaftliche Auswertung beauftragt. Ziel des konsultativen Prozesses war es, Kriterien und Anforderungen zu formulieren, um die Diskriminierung von Menschen afrikanischer Herkunft zu erfassen und für den Berliner Senat sichtbar zu machen. Vgl. Auma, Maureen Maisha/Kinder, Katja/Piesche, Peggy: Abschlussbericht zum Berliner Konsultationsprozess »Sichtbarmachung der Diskriminierung und sozialen Resilienz von Menschen afrikanischer Herkunft«, 2019.
5 Pressemitteilung der KADIB vom 23.02.2019. URL: https://each-one.de/wp-content/uploads/2020/03/PM_Gedenkmarsch-2019.pdf
6 Plädoyer der Initiative GG 5.3 Weltoffenheit. URL: https://drive.google.com/file/d/14WBPlOswuU8Vm2pQm1cteCLrDnPs7FZ5/view
7 Gero Schließ: Kritik am Humboldt-Forum wird schärfer, *Deutsche Welle*, 13.08.2017.
8 Varela/Dhawan, 2005
9 Steffen Vogel: Kolonialismus im Schulbuch. Was Schüler*innen heutzutage über den Kolonialismus lernen, *Rosa Luxemburg Stiftung*, 20.08.2020. URL: https://www.rosalux.de/news/id/42834/kolonialismus-im-schulbuch
10 El-Tayeb, 2001

11 Kelly, 2010a
12 Wright, 2004
13 Mabe, 2007
14 Kants Schriften, Bd. II, 1900, S. 253. Die Verkürzung der rassistischen Begriffe mithilfe des Asterisks wurde durch die Autorin vorgenommen.
15 Floris Biskamp: Sollte man Kant als Rassisten bezeichnen, *Tagesspiegel*, 21.06.2020.
16 Essed, 1990
17 Kelly 2019a
18 El-Tayeb, 2001
19 Zum sogenannten Asylkompromiss siehe auch: Vor zwanzig Jahren: Einschränkung des Asylrechts 1993, *bpb*, 24.05.2013. URL: https://www.bpb.de/politik/hintergrund-aktuell/160780/asylkompromiss-24-05-2013
20 El-Tayeb, 2016
21 Friese et al., 2019
22 El-Tayeb, 2016
23 Kurz nach den rassistischen Pogromen in Rostock-Lichtenhagen veröffentlichte die deutschsprachige Hip-Hop-Formation Advanced Chemistry ihre Single *Fremd im eigenen Land* (1992), die bis heute Kultstatus hat.
24 Michael, 2013
25 Kraft, 2015
26 Waibel, 2014
27 Vgl. Selbstbeschreibung auf der Website des #Afrozensus: https://afrozensus.de/
28 Pierrette Herberger-Fofane, 2010
29 Paul Dziedzic: Fridays for Past, Present and Future. Abena Kennedy-Asante erklärt, warum die Klimakrise jetzt schon vor allem Schwarze, Indigene und Menschen of Colour trifft, *analyse & kritik*, 15.10.2019.

Die rassische Wende: Von biologischer »Rasse« zu sozialer Race

1 El-Tayeb, 2015, 2016
2 Cremer, 2009
3 Arndt, 2011
4 Kelly, 2016
5 Oguntoye et al., 1986
6 Ayim/Prasad, 1992
7 Hornscheidt/Nduka-Agwu, 2010
8 Arndt/Hornscheidt 2001, 2004, Walgenbach 2005, Dietrich 2007, Amesberger/Halbmayr 2008
9 Eggers et al., 2005
10 El-Tayeb, 2016
11 Cengiz Barskanmaz/Nahed Samour: Das Diskriminierungsverbot aufgrund der Rasse, *VerfBlog*, 16.06.2020. URL: https://verfassungsblog.de/das-diskriminierungsverbot-aufgrund-der-rasse/
12 Barskanmaz, 2019
13 Crenshaw, 1989
14 Zum LADG siehe auch: https://www.berlin.de/sen/lads/recht/ladg/
15 Kelly, 2016

Rassismus und Wissen

1 Arndt/Ofuatey-Alazard, 2011
2 Thompson, 2019
3 Kuria, 2015
4 hooks, 1996
5 Popal, 2011
6 Kilomba, 2008
7 Vgl. Community Statement: »Black« Studies an der Universität Bremen. Berlin/Hamburg/Chicago Januar 2015. URL: https://blackstudiesgermany.files.wordpress.com/

2015/02/communitystatement_blackstudiesbremen_dt_unterz815.pdf

8 Kilomba, 2008

9 Wright, 2004

10 Kilomba, 2008

11 Vgl. Maßnahmenkatalog des Kabinettausschusses zur Bekämpfung von Rechtsextremismus und Rassismus, 25. 11. 2010. URL: https://www.bundesregierung.de/resource/blob/992814/1819984/4f1f9683cf3faddf90e27f09c692abed/2020-11-25-massnahmen-rechtsextremi-data.pdf?download=1

12 Das Konzept der gruppenbezogenen Menschenfeindlichkeit wurde von dem Bielefelder Wissenschaftler Wilhelm Heitmeyer in einer empirischen Langzeitstudie von 2002 bis 2012 am von ihm gegründeten Institut für interdisziplinäre Konflikt- und Gewaltforschung entwickelt. Es geht davon aus, dass abwertende Einstellungen einer Person gegenüber marginalisierten Gruppen auf einer allgemeinen »Ideologie der Ungleichwertigkeit« fußen. Diese Ideologie könne sich in Abwertungen gegenüber verschiedensten Gruppen manifestieren und wird übergreifend als »Syndrom der Gruppenbezogenen Menschenfeindlichkeit« bezeichnet.

13 Maisha-Maureen Auma: Statement von Adefra e.V. – anlässlich der aktuellen Förderzusage des Bundestages an das Deutsche Zentrum für Integrations- und Migrationsforschung (DeZIM), mit insgesamt 9 Millionen Euro zur Stärkung der Rassismus-Forschung in Deutschland. URL: http://www.adefra.de/index.php/blog/87-statement-von-adefra-schwarze-frauen-in-deutschland-e-v-anlaesslich-der-aktuellen-foerderzusage-des-bundestages-an-das-deutsche-zentrum-fuer-integrations-und-migrationsforschung-dezim-mit-insgesamt-neun-millionen-euro-zur-staerkung-der-rassismus-forschung

14 Chimamanda Ngozi Adichie: The danger of a single story, *TEDxGlobal* 2009, Juli 2009.

15 Spivak, 1988

16 Eggers, 2011

17 Popal, 2011

18 Schwarzbach-Apithy, 2005

19 Kilomba, 2008

20 Nana Gerritzen/Oda Tischewski: Gleiche Leistung, schlechtere Noten. Rassismus in der Schule, *SWR2 Wissen*, 30.03.2019.

21 So etwa das Horizonte-Stipendium für Hamburger Studierende: www.claussen-simon-stiftung.de/horizonte

22 Marmer/Sow, 2015

23 Marmer/Sow, 2015

24 Apraku, 2015

25 SchulG Berlin – § 1 Auftrag der Schule. URL: https://www.schulgesetz-berlin.de/berlin/schulgesetz/teil-i-auftrag-der-schule-und-recht-auf-bildung-und-erziehung-anwendungsbereich/sect-1-auftrag-der-schule.php

26 Sohra Behmanesh: Wie wir rassismuskritische Kinder »erziehen«, *TofuFamily*. URL: http://www.tofufamily.de/wie-wir-rassismuskritische-kinder-erziehen/

27 Apraku, 2015

28 Ali-Tani, 2017

29 Nguyen, 2012

30 Gerritzen/Tischewski: Gleiche Leistung, schlechtere Noten, Rassismus in der Schule.

31 https://kleineanfragen.de/berlin/18/20089-diskriminierung-von-schueler-innen-an-berliner-schulen-ii.txt

32 Kompetenzzentrum Anti-Schwarzer Rassismus: Jahresrückblick: Ein Austausch zu schulischer Antidiskriminierungsarbeit zu Beginn des Jahres 2020. URL: https://kompetenzzentrum-asr.de/wp-content/uploads/2020/12/AustauschzuschulischerAntidiskriminierungsarbeit-Gomis-Rackles.pdf

33 Anna Klöpper/Susanne Memarnia: »Vielleicht bin ich Optimistin«, *taz*, 27.12.2018.

34 Schriftliche Anfrage der Abgeordneten Dr. Maja Lasić

(SPD) vom 13. August 2020 zum Thema: Diskriminierungskritische Schule in Berlin – Umsetzungsstand 2020 und Antwort vom 11. September 2020. URL: https://m.tagesspiegel.de/downloads/26203578/2/anfrage_lasic_hizarci.pdf

35 Judith Luig: Schule mit Rassismus, *ZEIT ONLINE*, 24.07.2019.

36 Schriftliche Anfrage der Abgeordneten Dr. Maja Lasić (SPD) vom 13. August 2020 zum Thema: Diskriminierungskritische Schule in Berlin – Umsetzungsstand 2020 und Antwort vom 11. September 2020.

37 Luig: Schule mit Rassismus

38 Migrationsrat: Offener Brief an Bildungssenatorin Scheeres zur Stelle der Antidiskriminierungsbeauftragten, 12.07.2019. URL: http://www.migrationsrat.de/offener-brief-an-bildungssenatorin-scheeres-zur-stelle-der-antidiskriminierungsbeauftragten/

39 Susanne Memarnia: »Lehrkräfte müssen reflektieren«, *taz*, 22.09.2020.

40 Schule-ohne-rassismus.org: 10 Fragen – 10 Antworten. URL: https://www.schule-ohne-rassismus.org/mitmachen/weitere-tipps-at/

41 Noah Sow: Offener Brief: Liebe Schüler_innen, die mich für »Schule ohne Rassismus« eingeladen haben, 30.06.2015. URL: https://www.noahsow.de/blog/offener-brief-liebe-schueler_innen-die-mich-fuer-schule-ohne-rassismus-eingeladen-haben/

Und täglich grüßt das N-Wort: Rassismus und Sprache

1 Kelly, 2010

2 vgl. Kapitel »Rassismus und Geschichte« Anm. 14

3 Herzberger-Fofana, 2010

4 Ayim 1997

5 Von Mikroaggressionen wird dann gesprochen, wenn Personen immer wieder von subtilen rassistischen Äußerungen getroffen werden. Diese können vermeintlich harmlose oder gut gemeinte Kommentare sein. Sie wirken wie Tausende kleine Mückenstiche und haben in der Summe eine große irritierende Wirkung. Das Konzept wird auf alle marginalisierten Gruppen angewendet und wurde 1970 von Chester Pierce in die Sozialpsychologie eingeführt.

6 Annika Fischer-Uebler/Felix Thrun: Die Meinungsfreiheit ist kein Freifahrtschein, *VerfBlog*, 25.11.2020. URL: https://verfassungsblog.de/die-meinungsfreiheit-ist-kein-freifahrtschein/

7 Vgl. Matthias Kaufmann: Rassismus ist keine Meinung, *SPIEGEL online*, 26.11.2020

8 Grada Kilomba: Das N-Wort, *bpb*, 03.06.2009. URL: https://www.bpb.de/gesellschaft/migration/afrikanische-diaspora/59448/das-n-wort?p=all

9 Kelly, 2010

10 Charlotte Nzimiro: 365 Tage später! N-Wort stoppen, BLM, ... 2020 ein Recap!, 18.12.2020. URL: https://www.change.org/p/rechtliche-anerkennung-dass-der-begriff-neger-rassistisch-ist-bmfsfj-bmjv-bund/u/28242254

11 Charlotte Nzimiro: Rechtliche Anerkennung, dass der Begriff »Neger« rassistisch ist!. URL: https://www.change.org/p/rechtliche-anerkennung-dass-der-begriff-neger-rassistisch-ist-bmfsfj-bmjv-bund

12 »Den Typen würde ich auch hassen«: Schroeder und Somuncu entschuldigen sich für Wutrede, *FOCUS Online*, 23.09.2020.

13 Hornscheidt/Nduka-Agwu, 2010

14 El-Tayeb, 2001

15 Eli Abeke: Antrag zur Ächtung des N*Wortes. URL: https://ratsinformation.stadt-koeln.de/getfile.asp?id=761991&type=do&

16 Hengameh Yaghoobifarah: All cops are berufsunfähig, *taz*, 15.06.2020.

17 Filipp Piatov/Frank Schneider: Seehofer zeigt »taz«-Kolumnistin an!, *Bild*, 22.06.2020.

18 Jost Müller-Neuhof: »Taz«-Kolumne ist kein Verstoß gegen Pressekodex, *Tagesspiegel*, 07.09.2020.

19 Offener Brief: Pressefreiheit statt Polizeigewalt. URL: https://friendsofhengameh.wordpress.com

Rassismus und Polizei

1 Vgl. Website der Kampagne für Opfer rassistischer Polizeigewalt: https://kop-berlin.de/

2 Thompson, 2018

3 hooks, 1996

4 Hornscheidt/Nduka-Agwu, 2010

5 Kelly, 2016

6 Thompson, 2018

7 BREAK THE SILENCE. Initiative in Gedenken an Oury Jalloh: Chronologie im Fall Oury Jalloh 7.1.2005 bis 2020. URL: https://initiativeouryjalloh.files.wordpress.com/2020/06/chronologie-im-fall-oury-jalloh-2005-bis-2020.pdf

8 2005 gründeten Freund:innen von Oury Jalloh zusammen mit Unterstützer:innen selbstorganisierter Flüchtlingsinitiativen (TheVoice, Karawane und Plataforma) die Initiative in Gedenken an Oury Jalloh. Bis heute setzt sich die Initiative für die lückenlose Aufklärung des Falls ein. URL: https://initiativeouryjalloh.wordpress.com/

9 Dessau: Weitere ungeklärte Todesfälle, *mdr*, 09.12.2017.

10 Anne Hähnig/Martin Machowecz: Wurde er doch ermordet?, *ZEIT ONLINE*, 28.02.2018.

11 Pressemitteilung Landesportal Sachsen-Anhalt: Ermittlungen im Fall Oury Jalloh eingestellt, 12.10.2017. URL: https://www.sachsen-anhalt.de/bs/pressemitteilungen/pressemitteilung-details/?no_cache=1&tx_tsarssinclude_

pi1%5Buid%5D=80361&tx_tsarssinclude_pi1%5Baction%5D=single&

12 Verweis auf den Bericht der Sonderberater aus 2020 in einem virtuellen Statement der unabhängigen Kommission: https://www.youtube.com/watch?v=JGZEPQM2slA

13 Vgl. Website der Internationalen Unabhängigen Kommission zur Aufklärung der Wahrheit über den Tod des Oury Jalloh: https://www.ouryjallohcommission.com/willkommen

14 Mariame Kaba: Yes, We Mean Literally Abolish the Police, *The New York Times*, 12.06.2020.

15 Bruce-Jones, 2016

16 Einladung zur Gedenkkundgebung zum 16. Todestag von Laye Alama Condé. URL: https://brechmittelfolter-bremen.de/mediapool/gedenkkundgebung_zum_16._todestag.pdf

17 Antwort der Bundesregierung auf die Kleine Anfrage der Abgeordneten Sevim Dağdelen, Ulla Jelpke und der Fraktion DIE LINKE. Bekämpfung von Rassismus bei der Polizei, 07.05.2008. URL: https://dipbt.bundestag.de/dip21/btd/16/090/1609061.pdf

18 Wortlautabschnitt Gemeinderat vom 09.07.2020, Rede von Herrn Lutz. URL: https://ppstuttgart.polizei-bw.de/wp-content/uploads/sites/3/2020/07/Wortlautabschnitt-GR-09_07_2020-Rede-Herr-Lutz.pdf

19 Andrea Backhaus/Sarah Lena Grahn: Bundesregierung lehnt Begriff »Stammbaumforschung« ab, *ZEIT ONLINE*, 13.07.2020.

20 Mathias Peer: »Latenter Rassismus bei Sicherheitskräften auch in Deutschland«, *ZEIT ONLINE*, 08.06.2020.

21 Hannes Leitlein: Bundesinnenministerium sagt Studie zu Rassismus bei der Polizei ab, *ZEIT ONLINE*, 04.07.2020.

22 Nea Matzen: Rechtsextremistische Drohungen: Was über die »NSU 2.0«-Briefe bekannt ist, *tagesschau.de*, 20.07.2020.

Literatur

Ali-Tani, Caroline (2017): Wie Kinder Vielfalt wahrnehmen: Vorurteile in der frühen Kindheit und die pädagogischen Konsequenzen. URL: https://www.kita-fachtexte.de/fileadmin/Redaktion/Publikationen/KiTaFT_AliTani_2017_WIeKinderVielfaltwahrnehmen.pdf

Amesberger, Helga/Halbmayr, Brigitte (2008): Das Privileg der Unsichtbarkeit. Rassismus unter dem Blickwinkel von Weißsein und Dominanzkultur. Wien

Apraku, Josephine (2015): Das Schulbuch – Eine eindimensionale Erzählung. In: Kelly, Natasha A. (Hg.): Sisters and Souls. Inspirationen durch May Ayim, 120–136. Berlin

Arndt, Susan/Hornscheidt, Antje (Hg.) (2001): Afrikabilder. Studien zu Rassismus in Deutschland. Münster

Arndt, Susan/Hornscheidt, Antje (Hg.) (2004): Afrika und die deutsche Sprache. Ein kritisches Nachschlagewerk. Münster

Arndt, Susan/Ofuatey-Alazard, Nadja (Hg.) (2011): Wie Rassismus aus Wörtern spricht. (K)Erben des Kolonialismus im Wissensarchiv deutsche Sprache. Ein kritisches Nachschlagewerk. Münster

Arndt, Susan (2011): Racial Turn. In: Arndt, Susan/Ofuatey-Alazard, Nadja (Hg.): Wie Rassismus aus Wörtern spricht. (K)Erben des Kolonialismus im Wissensarchiv deutsche Sprache. Ein kritisches Nachschlagewerk, 185–189. Münster

Ayim, May/Prasad, Nivedita (Hg.) (1992): Wege zu Bünd-

nissen. Dokumentation in Kooperation mit der Frauenstiftung. Berlin
Ayim, May (1997): Grenzenlos und Unverschämt. Berlin
Barskanmaz, Cengiz (2019): Recht und Rassismus. Das menschenrechtliche Verbot der Diskriminierung aufgrund der Rasse. Berlin
Bruce-Jones, Eddie (2016): Race in the Shadow of Law: State Violence in Contemporary Europe. Abingdon
Castro Varela, María do Mar/Dhawan, Nikita (2005): Postkoloniale Theorie. Eine kritische Einführung. Bielefeld
Cremer, Hendrik (2009): »... und welcher Rasse gehören Sie an?« Zur Problematik des Begriffs »Rasse« in der Gesetzgebung. Berlin
Crenshaw, Kimberlé (1989): Das Zusammenwirken von Race und Gender ins Zentrum rücken. Eine Schwarze feministische Kritik des Antidiskriminierungsdogmas, der feministischen Theorie und antirassistischer Politiken (1989). Übersetzt von Céline Barry. In: Kelly, Natasha A. (Hg.) (2019): Schwarzer Feminismus. Grundlagentexte, 145–186. Münster
Dietrich, Anette (2007): Weiße Weiblichkeiten. Konstruktion von »Rasse« und Geschlecht im deutschen Kolonialismus. Bielefeld
Eggers, Maureen Maisha/Kilomba, Grada/Piesche, Peggy/Arndt, Susan (Hg.) (2005): Mythen, Masken, Subjekte. Kritische Weißseinsforschung in Deutschland. Münster
Eggers, Maureen Maisha (2011): Diversity/Diversität. In: Arndt, Susan/Ofuatey-Alazard, Nadja (Hg.): Wie Rassismus aus Wörtern spricht. (K)Erben des Kolonialismus im Wissensarchiv deutsche Sprache. Ein kritisches Nachschlagewerk, 256–263. Münster
El-Tayeb, Fatima (2001): Schwarze Deutsche. Der Diskurs um »Rasse« und nationale Identitat 1890–1933. Frankfurt a. M./New York
El-Tayeb, Fatima (2015): Anders Europäisch. Rassismus, Identität und Widerstand im vereinten Europa. Münster

El-Tayeb, Fatima (2016): Undeutsch. Die Konstruktion des Anderen in der postmigrantischen Gesellschaft. Bielefeld

Essed, Philomena (1990): Everyday Racism. Newbury Park / London / New Delhi

Friese, Heidrun / Nolden, Marcus / Schreiter, Miriam (Hg.) (2019): Rassismus im Alltag. Theoretische und empirische Perspektiven nach Chemnitz. Bielefeld

Grosfoguel, Rámon (2008): Transmodernity, Border Thinking, and Global Coloniality. Decolonizing Political Economy and Political Studies. URL: https://www.eurozine.com/transmodernity-border-thinking-and-global-coloniality/

Hegel, Georg Wilhelm Friedrich (1807/1970): Phänomenologie des Geistes. Frankfurt a. M. / Berlin / Wien

Herzberger-Fofana, Pierrette (2010): Berlin 125 Jahre danach. Eine fast vergessene Geschichte. Wien

hooks, bell (1996): Sehnsucht und Widerstand. Kultur, Ethnie, Geschlecht. Berlin

Kant, Immanuel (1900 ff.): Kant's gesammelte Schriften. Hrsg. von der Königlich Preußischen Akademie der Wissenschaften [heute Berlin-Brandenburgische Akademie der Wissenschaften]. Bde. 1–29. Berlin

Kelly, Natasha A. (2010): Das N-Wort. In: Nduka-Agwu, Adibeli / Hornscheidt, Antje Lann (Hg.): Rassismus auf gut Deutsch. Ein kritisches Nachschlagewerk zu rassistischen Sprachhandlungen, 157–166. Frankfurt a. M.

Kelly, Natasha A. (2010a): »Rasse« – in der Wissenschaft, im Alltag und in der Politik. In: Nduka-Agwu, Adibeli / Hornscheidt, Antje Lann (Hg.): Rassismus auf gut Deutsch. Ein kritisches Nachschlagewerk zu rassistischen Sprachhandlungen, 344–350. Frankfurt a. M.

Kelly, Natasha A. (2016): Afrokultur. Der Raum zwischen gestern und morgen. Münster

Kelly, Natasha A. (Hg.) (2019): Schwarzer Feminismus. Grundlagentexte. Münster

Kelly, Natasha A. (2019a): At the End of »Dasein«. An Afro-German Voyage into the Future. In: Reynaldo Anderson/Clinton R. Fluker (Hg.): The Black Speculative Arts Movement. Black Futurity, Art + Design, 11–26. Maryland

Kilomba, Grada (2008): Plantation Memories. Episodes of Everyday Racism. Münster

Kraft, Marion (Hg.) (2015): Kinder der Befreiung. Transatlantische Erfahrungen und Perspektiven Schwarzer Deutscher der Nachkriegsgeneration. Münster

Kuria, Emily Ngubia (2015): Eingeschrieben. Zeichen setzen gegen Rassismus an deutschen Hochschulen. Berlin

Mabe, Jacob Emmanuel (2007): Wilhelm Anton Amo interkulturell gelesen. Nordhausen

Marmer, Elina/Sow, Papa (Hg.) (2015): Wie Rassismus aus Schulbüchern spricht: Kritische Auseinandersetzung mit »Afrika«-Bildern und Schwarz-Weiß-Konstruktionen in der Schule – Ursachen, Auswirkungen und Handlungsansätze für die pädagogische Praxis. Weinheim/Basel

Michael, Theodor (2013): Deutsch sein und Schwarz dazu. Erinnerungen eines Afro-Deutschen. München

Nduka-Agwu, Adibeli/Hornscheidt, Antje Lann (2010): Der Zusammenhang zwischen Rassismus und Sprache. In: Nduka-Agwu, Adibeli/Hornscheidt, Antje Lann (Hg.): Rassismus auf gut Deutsch. Ein kritisches Nachschlagewerk zu rassistischen Sprachhandlungen, 11–49. Frankfurt a.M.

Nguyen, Toan Quoc (2012): Eine unbequeme Wahrheit. Institutioneller Rassismus in Deutschland – Blickpunkt Schule. In: Berliner Entwicklungspolitischer Ratschlag e.V. (Hg.): »Wer anderen einen Brunnen gräbt …« Rassismuskritik, Empowerment, Globaler Kontext, 20–23. Berlin

Oguntoye, Katharina/Opitz, May/Schultz, Dagmar (Hg.) (1986/1991): Farbe bekennen. Afro-deutsche Frauen auf den Spuren ihrer Geschichte. Berlin

Pierce, Chester M. (1970): Offensive Mechanisms. In:

Barbour, Floyd Barrington (Hg.): The Black Seventies, 265–282. Boston

Piesche, Peggy/Arndt, Susan (2011): Weißsein. Die Notwendigkeit kritischer Weißseinsforschung. In: Arndt, Susan/Ofuatey-Alazard, Nadja (Hg.): Wie Rassismus aus Wörtern spricht. (K)Erben des Kolonialismus im Wissensarchiv deutsche Sprache. Ein kritisches Nachschlagewerk, 192–193. Münster

Popal, Miriam (2011): Objektivität. Desiring Subjects. In: Arndt, Susan/Ofuatey-Alazard, Nadja (Hg.): Wie Rassismus aus Wörtern spricht. (K)Erben des Kolonialismus im Wissensarchiv deutsche Sprache. Ein kritisches Nachschlagewerk, 463–483. Münster

Schwarzbach-Apithy, Aretha (2005): Interkulturalität und anti-rassistische Weis(s)heiten an Berliner Universitäten. In: Eggers, Maureen Maisha/Kilomba, Grada/Piesche, Peggy/Arndt, Susan (Hg.): Mythen, Masken, Subjekte. Kritische Weißseinsforschung in Deutschland, 247–261. Münster

Spivak, Gayatri Chakravorty (1988): Can the Subaltern Speak? In: Nelson, C./Grossberg, L. (Hg.): Marxism and the interpretation of culture, 66–111. Illinois

Thompson, Vanessa E. (2018): »There is no justice, there is just us!«. Ansätze zu einer postkolonial-feministischen Kritik der Polizei am Beispiel von Racial Profiling. In: Loick, Daniel (Hg.): Kritik der Polizei, 197–219. Frankfurt a.M.

Thompson, Vanessa E./El-Tayeb, Fatima (2019): Racial Profiling als Verbindung zwischen alltäglichem Rassismus, staatlicher Gewalt und kolonialrassistischen Traditionen. Ein Gespräch über Racial Profiling und intersektionale Befreiungsprojekte in Europa. In: Wa Baile, Mohamed/Dankwa, Serena O./Naguib, Tarek/Purtschert, Patricia/Schilliger, Sarah (Hg.): Racial Profiling. Struktureller Rassismus und antirassistischer Widerstand, 311–329. Bielefeld

Waibel, Harry (2014): Der gescheiterte Anti-Faschismus der SED: Rassismus in der DDR. Frankfurt a.M.

Walgenbach, Katharina (2005): Die weiße Frau als Trägerin deutscher Kultur. Koloniale Diskurse über Geschlecht, »Rasse« und Klasse im Kaiserreich. Frankfurt a.M./New York

Wright, Michelle M. (2004): Becoming Black. Creating Identity in the African Diaspora. Durham/London

Danksagung

Vielen Dank jenen Personen, die mich mit ihrer jeweiligen Expertise bei der Verfassung dieser Schrift unterstützt haben. Dazu gehören: Urte Schröder, Vanessa E. Thompson, Natalie Wagner, Raphael Moussa Hillebrand, Niki Drakos, Natalie Ofori, Siga Mbaraga, Nadiye Ünsal, Mike Korsonewski und Mahret I. Kupka.

Natasha A. Kelly ist promovierte Kommunikationssoziologin, Kuratorin, Autorin und Herausgeberin. Mit ihrer preisgekrönten Dokumentation *Millis Erwachen* feierte sie 2018 ihr Filmdebüt. 2019 beging sie ihr Regiedebüt mit der internationalen Aufführung ihrer Dissertationsschrift *Afrokultur. Der Raum zwischen gestern und morgen* (2016). Zudem hat sie lange zu Schwarzer deutscher Geschichte und Schwarzem Feminismus gelehrt und geforscht und ist in der Schwarzen deutschen Community engagiert.